미리 보고 개념 잡는 초등 일기 쓰기

이재승, 김민중 지음

차례

좋은 일기, 잘 쓴 일기란?

아이들이 쓴 일기를 보면 하루 동안 한 일만 죽 늘어놓은 것을 볼 수 있습니다. 틀린 내용은 아닌데 뭔가 부족해 보이고, 딱히 뭐라고 이야기해 주어야 할지 모르는 부모님이 많습니다. 좋은 일기, 잘 쓴 일기란 어떤 일기일까요?

☑ 한 가지 일을 자세하게 쓴 일기

한 일, 보고 들은 일, 생각한 점, 느낀 점 등이 골고루 들어간 일기가 좋은 일기입니다. 자신이 한 여러 가지 일을 늘어놓기 보다는, 그중 한 가지를 정해서 쓴 일기가 좋은 일기입니다. 이때 '엄마에게 칭찬을 들었다.'처럼 간단하게 쓰는 것이 아니라, '저녁 식사를 하고 나서 엄마를 도와 빈 그릇을 정리했다. 그래서 엄마에게 칭찬을 들었다.'처럼 자세하게 쓰는 것이 좋습니다. 그리고 들은 일을 쓸 때에도 '엄마에게 막 혼났다.'가 아니라 '엄마가 "너 숙제는 하고 놀고 있는 거니? 엄마가 집에 오면 숙제 먼저 하라고 했지?"라고 말씀하셨다.'처럼 자신이 들은 그대로 쓰는 것이 좋습니다. 그래야 조금 더 실감 나는 일기를 쓸 수 있습니다.

☑ 자신의 느낌을 솔직하게 쓴 일기

생각이나 느낌을 쓸 때 아이들이 가장 자주 쓰는 말은 '참 재미있었다.'입니다. 그런데 정말 재미있었을까요? 무엇이 어떻게 재미있었던 걸까요? 정확히 알 수 없습니다. 자신의 느낌을 쓸 때는 슬프고, 속상하고, 서운했던 느낌, 기쁘고 행복했던 느낌을 솔직하게 쓰는 것이 좋습니다. 자신의 느낌을 솔직하게 쓰기 위해서는 우선 일기를 읽는 가장 중요한 사람이 엄마나 선생님이 아니라 바로 자기 자신이라는 것을 깨달아야 합니다. 더불어 자신의 느낌을 다양한 말로 표현할 수 있다면 일기 내용이 훨씬 풍부해질 것입니다. 평소 동화책을 읽으며 감정을 나타내는 여러 표현들을 익히고, 흉내 내는 말 등을 사용해 느낌을 더 생생하게 표현하는 것이 도움이 됩니다.

일기의 시작, 쓸거리 찾기

아이들이 일기를 쓸 때 가장 힘들어하는 점은 바로 쓸거리 찾기입니다. 날마다 반복되는 생활 속에서 쓸거리를 찾는 것은 좀처럼 쉽지 않습니다. 쓸거리를 찾기 위해서는 자신의 하루를 자세히 들여다보는 것이 가장 좋습니다. 아이들과 대화를 하며, 아이들이 자신의 생활을 자세히 들여다볼 수 있게 부모님이 이끌어 주어야 합니다.

✓ 쓸거리를 풍성하게 하는 대화

유나와 엄마는 학교에서 있었던 일에 대해 이야기를 나누고 있습니다. 대화를 잘 살펴보세요.

> 엄마: 오늘 학교에서 무엇을 했니?
>
> 유나: 더하기도 배웠고, 급식도 먹었고, 줄넘기도 했어요.
>
> 엄마: 그래? 그중에 너는 무슨 일이 가장 기억에 남았어?
>
> 유나: 급식 먹은 거요.
>
> 엄마: 급식은 날마다 먹는 건데, 왜 오늘은 그 일이 기억에 남았을까?
>
> 유나: 오늘 급식 시간에 칭찬을 들었거든요.
>
> 엄마: 정말? 우리 유나 멋진데? 무슨 일로 칭찬을 들었을까?
>
> 유나: 오늘 정현이가 급식을 받다가 실수로 국물을 바닥에 흘렸거든요. 그래서 제가 얼른 휴지를 가져다줬어요. 그랬더니 선생님께서 잘했다고 칭찬해 주셨어요.
>
> 엄마: 선생님께서 뭐라고 하시면서 칭찬해 주셨어?
>
> 유나: 친구를 잘 도와주는 사람이라고 하셨어요.
>
> 엄마: 칭찬을 들었을 때 너는 기분이 어땠니?
>
> 유나: 음……, 기분이 되게 좋았어요. 막 웃음도 나오고. 그리고 다음에 또 친구를 도와주어야겠다고 생각했어요.

☑ 대화를 이어서 일기 쓰기

아이와 함께 대화를 나누며 아이에게 있었던 일을 들여다보았다면, 대화 내용을 토대로 이어서 일기를 써 보면 좋습니다. 대화를 하면서 있었던 일과 그때 아이의 생각과 느낌을 모두 이야기했기 때문에, 아이는 일기를 쓸 때 훨씬 쉽게 내용을 이어서 쓸 수 있습니다.

유나가 엄마와 대화를 나눈 뒤 이어서 쓴 일기입니다. 엄마와 나눈 대화를 자연스럽게 문장으로 써서 한 편의 일기를 완성했습니다. 일기를 읽어 보세요.

> 제목 : 급식 시간에 생긴 일
> 급식 시간, 정현이가 실수로 국물을 바닥에 흘렸다. 나는 얼른 휴지를 가져다주었다.
> 이걸 보신 선생님께서,
> "우리 유나는 친구를 잘 도와주는구나!"
> 하고 칭찬해 주셨다. 나는 기분이 좋아서 막 웃음이 나왔다. 그리고 다음에도 친구를 도와주어야겠다고 생각했다.

부모님과의 대화를 통해 아이는 자신이 겪었던 일을 자세히 떠올릴 수 있습니다. 그리고 그때 들었던 느낌이나 생각을 생생하게 표현할 수 있습니다. 아이는 하루 동안 많은 일을 겪고 많은 생각을 하지만, 일기로 한 번에 쉽게 정리해 쓰기는 쉽지 않습니다. 사소한 일과 생각이라도 함께 이야기를 나누다 보면 쓸거리가 될 수 있고, 쓸거리가 많아지면 더 멋진 일기를 쓸 수 있습니다.

차례차례 따라 하면 초등 일기 쓰기 백 점!

1. 일기 쓰기의 기본을 익혀요!

- 일기 쓸 때 꼭 필요한 것, 쓸거리 찾기, 생각과 느낌 쓰기, 자세히 쓰기, 대화 글 쓰기의 다섯 과정을 학습하며 여러 가지 기본 쓰기 과정을 익혀 봅니다.
- 기본 다지기 → 스스로 쓰기 과정으로 학습하며 쓰기의 기본을 튼튼히 익힙니다.

기본 다지기:
일기의 기본을 익히는
문제를 풀어 봅니다.

스스로 쓰기:
학습 주제에 맞는 간단한
쓰기를 연습합니다.

2. 여러 종류의 일기를 본격적으로 써 봐요!

- 그림일기, 동시 일기, 관찰 일기, 독후 일기, 편지 일기, 여행 일기, 상상 일기 등 다양한 종류의 일기를 접해 봅니다.
- 기본 다지기 → 처음 쓰기 → 조금 더 쓰기 → 실전 쓰기 과정으로 학습하며 여러 종류의 일기 쓰기를 꼼꼼하게 익혀 봅니다.

기본 다지기: 다양한
일기의 종류와 특징을
알아봅니다.

처음 쓰기: 일기 쓰기에
필요한 간단한 쓰기
활동을 합니다.

조금 더 쓰기: 쓰기의
범위를 넓혀 본격적으로
쓰기를 합니다.

실전 쓰기: 일기의
형식을 갖추어 한 편의
일기를 완성합니다.

일기 쓰기의 기본 익히기

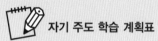 자기 주도 학습 계획표

일기 쓸 때 꼭 들어가는 것

1. 일기를 읽고, 일기 쓸 때 꼭 들어가는 것을 보기 에서 골라 말풍선에 써 봅시다.

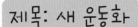 3월 20일 수요일 　　　　　　　　날씨: 차가운 바람이 부는 날

제목: 새 운동화

오늘 부모님께서 새 운동화를 사 주셨다.
빨간색 바탕에 흰색 별이 그려져 있는 운동화다.
친구들이 내 운동화를 보고 멋있다고 칭찬해 주었다.

기분이 무척 좋았다.
엄마, 아빠! 새 운동화를 사 주셔서 정말 감사합니다.

보기 　날짜　　있었던 일　　받는 사람　　날씨　　제목　　생각과 느낌　　이름

있었던 일

생각과 느낌

2. 일기를 쓸 때 꼭 써야 할 것과 그 내용을 선으로 이어 봅시다.

날씨	있었던 일	생각과 느낌	날짜	제목
•	•	•	•	•

•	•	•	•	•
언제 있었던 일인지 쉽게 알 수 있어요.	그날의 기상 상태를 기억하게 해요. 글감이 되기도 합니다.	일기의 주제를 한눈에 알아볼 수 있어요.	하루를 돌아보고 가장 기억에 남는 일을 써요.	자신의 생각과 느낌을 자세히 써요.

3. 일기를 읽고 물음에 답해 봅시다.

5월 9일 수요일   날씨: 구름이 해님을 꼭꼭 숨긴 날

오늘 학교 급식 메뉴는 내가 가장 좋아하는 오므라이스다.
아침부터 점심시간이 기다려졌다.

드디어 점심시간. 나는 급식 할머니께 많이 많이 달라고 했다.

그 많은 밥을 뚝딱 다 먹고 나니 배가 불러 우유를 못 먹었다.

다음에는 너무 많이 먹지 말아야겠다.

1) 일기에서 빠진 것은 무엇인가요?

_____

2) 일기에서 빠진 것을 일기 내용을 보고 써 봅시다.

_____

1. 다음 일기에 어떤 제목이 잘 어울릴지 물음에 답해 봅시다.

4월 6일 월요일　　　　　　　　　　날씨: 비가 보슬보슬 오는 날

제목: ㉠

 통합 시간에 종이접기를 하였다. 종이를 예쁘게 접고 자르려고
가위를 찾아보니 가위가 없었다. 집에 놓고 온 것이었다.
가위가 없어서 속상했다. 그런데 내 짝 민희가 웃으며 가위를
빌려주었다. 가위를 빌려준 민희가 정말 고마웠다.

1) ㉠에 어떤 제목을 붙이면 좋을지 ○표를 해 봅시다.

① 종이접기　　　　　　　② 친구　　　　　　　③ 고마운 내 친구 민희

일기의 내용을 잘 나타낼 수 있는 제목을 붙여요. 생각이나
느낌까지 드러난다면 정말 멋진 제목이 될 거예요.

2. 일기를 읽고 어울리는 제목을 써 봅시다.

4월 14일 화요일　　　　　　　　　　날씨: 시원한 바람이 부는 날

제목:

2교시에 운동장에 나가서 줄넘기를 하였다.
나도 친구들과 열심히 줄넘기를 했다. 옆에 있던 철우는
걸리지 않고 한 번에 30개나 넘었다. 나도 철우를 따라 열심히
줄넘기를 해서 한 번에 35개를 넘었다. 선생님께서 잘했다고
칭찬해 주셨다. 기분이 무척 좋았다.

3. 일기 쓸 때 꼭 필요한 날씨를 보기 처럼 재미있고 자세하게 써 봅시다.

보기

- 햇볕이 쨍쨍
- 맑아서 운동하기 딱 좋아!
- 앗, 뜨거, 햇살이 뜨거워!

하루 동안 날씨를 살펴봐요. 그리고 날씨를 짧은 글로 설명하듯이 써요. 날씨를 쓸 때 맑음, 흐림처럼 간단히 써도 되지만, 날씨를 자세하게 쓰는 습관을 들이면 관찰력이 쑥쑥 자라요.

 **쓸거리 찾기**

1. 만화를 읽고 승찬이의 고민을 알아봅시다.

1) 승찬이의 고민은 무엇인가요?

2) 엄마는 일기의 쓸거리를 찾기 위해 어떻게 하라고 말씀하셨나요?

하루를 자세히 들여다보는 것은 어렵지 않아요. 하루 동안 있었던 일을 시간 순서대로 떠올려 보세요.
또 내가 한 일, 본 일, 들은 일을 떠올리거나, 하루 동안 기뻤던 일, 속상했던 일, 화났던 일 등을 떠올려 보세요.

2. 일기의 쓸거리를 찾는 방법을 알아봅시다.

1) 하루 동안 있었던 일을 시간 순서대로 써 봅시다.

승찬이	
아침	아침 일찍 일어나 세수를 했다.
낮	학교에서 친구들과 공기놀이를 했다.
저녁	엄마 심부름을 하였다.

나의 하루	
아침	
낮	
저녁	

2) 하루 동안 한 일, 본 일, 들은 일을 생각해 써 봅시다.

승찬이	
한 일	국어 시간에 공부를 했습니다.
본 일	벌이 교실에 들어온 것을 보았습니다.
들은 일	벌이 '앵앵' 우는 소리를 들었습니다.

나의 하루	
한 일	
본 일	
들은 일	

3) 하루 동안 있었던 일을 돌아보고 그때의 기분을 생각하며 써 봅시다.

승찬이	
기뻤던 일 속상했던 일 화났던 일	심부름을 잘해서 엄마께 칭찬을 들었다.

나의 하루	
기뻤던 일 속상했던 일 화났던 일	

1. 15쪽에 정리한 것 중 일기로 쓸 만한 일을 골라 보기 처럼 써 봅시다.

보기

• 있었던 일

음악 시간에 노래와 율동을 했다.

• 생각이나 느낌

노래를 부를 땐 신났는데,
율동을 하려니 조금 부끄러웠다.

있었던 일	
생각이나 느낌	

있었던 일	
생각이나 느낌	

> 오늘 일기 뭐 쓰지? 특별한 일이 있어야만 일기를 쓰는 것이 아니에요. 학교 가고, 밥을 먹고,
> 친구와 놀고……. 이렇게 매일 반복되는 평범한 일을 내가 일기로 쓰면 특별한 일이 되기도
> 합니다. 하루를 자세히 들여다보세요. 그러면 일기로 쓸 내용을 찾을 수 있어요.

2. 혜영이에게 일어난 일을 보고 물음에 답해 봅시다.

민재야, 미안해.

괜찮아. 일부러
그런 것도 아닌데.

1) 혜영이가 민재에게 사과한 까닭은
무엇일까요?

_____

_____

2) 그때 민재는 어떻게 했나요?

_____

_____

3) 혜영이는 민재에게 어떤 마음이 들었을까요?

_____

4) 혜영이가 되어 일기를 완성해 봅시다.

4월 14일 화요일   날씨: 살랑살랑 바람이 부는 날

제목:

_____

학교에서 미술 시간에 그림을 그렸다.

_____

_____

_____

누군가에게 미안했던 일, 고마웠던 일, 칭찬해 주고 싶은 일도 일기로 쓸 수 있어요.

1. 두 개의 일기를 읽고 물음에 답해 봅시다.

① 3월 26일 목요일   날씨: 봄인데도 아직은 추운 날

제목: 학교 둘러보기

"줄을 서세요!"

선생님 말씀을 따라 줄을 섰다. 우리 학교를 둘러보는 날. 친구들과 줄을 서서

학교를 둘러보았다. 보건실, 2학년 교실, 체육관이 어디에 있는지 배웠다.

② 3월 26일 목요일   날씨: 봄인데도 아직은 추운 날

제목: 학교 둘러보기

"줄을 서세요!"

선생님 말씀을 따라 줄을 섰다. 우리 학교를 둘러보는 날.

친구들과 줄을 서서 학교를 둘러보았다. 보건실, 2학년 교실,

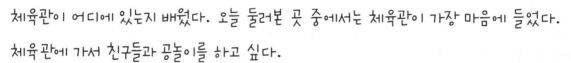

체육관이 어디에 있는지 배웠다. 오늘 둘러본 곳 중에서는 체육관이 가장 마음에 들었다.

체육관에 가서 친구들과 공놀이를 하고 싶다.

1) 오늘 학교에서 무엇을 하였나요?

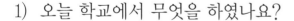

2) ① 과 ② 중에서 학교에서 둘러본 곳 중 가장 마음에 드는 곳과 그 까닭이 나와 있는 글은 무엇인가요?

3) ① 과 ② 중 어떤 일기가 더 잘 쓴 일기라고 생각하나요?

2. 보기 의 낱말은 모두 느낌을 나타내는 말입니다. 보기 의 낱말을 이용하여 느낌을 문장으로 써 봅시다.

> 보기
> 기뻤습니다.   좋았습니다.   웃겼습니다.   신 났습니다.
> 날아갈 것 같았습니다.   고마웠습니다.   상쾌했습니다.   속상했습니다.
> 지루했습니다.   무서웠습니다.   안타까웠습니다.   불쌍했습니다.
> 조마조마했습니다.   미안했습니다.   부끄러웠습니다.   답답했습니다.

1) 오늘 받아쓰기 시험에서 100점을 받았습니다.

(기분이) 정말

_____

2) 오늘 치과에 갔습니다.

_____

3) 나도 모르게 동생에게 화를 내고 말았습니다.

_____

4) 건물에 불이 나서 많은 사람이 다쳤다는 뉴스를 보았습니다.

_____

5) 내 친구 민규가 원숭이 흉내를 내었습니다.

_____

일기를 쓸 때 사실만 쓰지 않고 생각과 느낌을 쓰면 더 자세하게 쓸 수 있어요.
그리고 생각하는 힘도 기를 수 있지요. 내 생각과 느낌을 솔직하게 써 봅시다.

1. 솔이가 쓴 글을 읽어 봅시다. 생각이나 느낌을 표현한 곳에 밑줄을 그어 봅시다.

①

학교에서 돌아오는 길이었다.

갑자기 '끼익'하고 차가 멈추는 소리가 들렸다.

우리 학교의 한 학생이 굴러가는 공을 잡으려고

갑자기 차가 다니는 길로 들어간 것이었다.

나는 학생이 자동차에 치이는 줄 알고 깜짝 놀랐다.

나는 학생이 다치지 않아서 정말 다행이라고

생각했다. 그리고 공을 가지고 다닐 때는

반드시 주머니에 담아서

가지고 다녀야겠다고 생각했다.

② 건우와 달리기 시합을 했습니다.

건우는 정말 달리기를 잘합니다. 당연히 건우가 나보다 더

빨리 달렸습니다. 달리기에서 져서 괜히 속상했습니다.

그래서 건우에게 화를 냈습니다. 그런데 건우는 내게 화를 내지

않고, 다음번에 더 잘 달릴 수 있을 거라고 위로해 주었습니다.

건우에게 미안했습니다.

> 어떤 일을 보거나 겪으면서 어떤 생각이 들었는지 잘 되짚어 보세요.
> 그리고 그때의 생각과 느낌을 글로 정리하는 습관을 가져 봅시다.

2. 솔이의 하루를 보여 주는 그림과 글입니다. 솔이가 되어 생각과 느낌을 써 봅시다.

가족들과 함께 윷놀이를 하였습니다.
네 판을 했는데 모두 내가 이겼습니다.

_____

_____

_____

체육 시간에 줄넘기를 하는데
갑자기 벌이 날아왔습니다.

_____

_____

_____

3. 생각과 느낌을 넣어 글을 완성해 봅시다.

오늘 독감 예방 접종을 하러 병원에 갔다.

병원에 기다리는 사람이 많았다. 내 앞에서 주사를 맞은 아이는 아프다며 울었다.

그 모습을 보자 _____ .

내 차례가 되었다. 나는 무척 _____ .

그렇지만 꾹 참고 주사를 맞았다. 의사 선생님께서 의젓하다며 칭찬해 주셨다.

칭찬을 들으니 기분이 _____ .

1. 같은 제목의 두 일기를 보고 더 잘 썼다고 생각하는 일기에 ○표를 해 봅시다.

1

4월 14일 화요일   날씨: 구름이 회색인 날

제목: 맛있는 급식

급식 시간에 내가 좋아하는 불고기가 나왔다. 정말 맛있었다.

다음에 또 불고기가 나왔으면 좋겠다.

4월 14일 화요일   날씨: 구름이 회색인 날

제목: 맛있는 급식

급식 시간에 내가 좋아하는 불고기가 나왔다. 나는 빨리 불고기가 먹고 싶어서 깨끗이 손을 씻고 줄을 섰다. 불고기를 받아서 밥이랑 같이 먹었다. 불고기는 달콤하고 쫄깃했다. 정말 맛있었다.

다음에 또 불고기가 나왔으면 좋겠다.

2

6월 30일 수요일   날씨: 땀이 뻘뻘!

제목: 즐거운 토요일

엄마가 감자를 삶아 주셔서 맛있게 먹었다. 감자를 먹고 나서 학원에 갔다. 학원이 끝나서 집에 왔다. 텔레비전을 보고, 수학 문제를 풀었다.

6월 30일 수요일   날씨: 땀이 뻘뻘!

제목: 즐거운 토요일

엄마가 감자를 삶아 주셔서 맛있게 먹었다. 할머니께서 직접 농사지으신 귀한 감자라고 하셨다. 그래서인지 정말 꿀맛이었다. 할머니께 정말 감사했다. 감자를 캘 때 얼마나 힘드셨을까? 다음에 할머니 댁에 가면 꼭 도와드려야겠다.

2. 그렇게 생각한 이유는 무엇입니까?

① 길게 썼기 때문이다.

② 일어난 일을 자세히 썼기 때문이다.

3. 한 일을 떠올려 보고, 생각과 느낌을 넣어 더 자세히 써 봅시다.

주사를
맞았습니다.

주사를 언제, 어디에서 맞았는지 써 봅시다.

어제 희망 소아과에 가서 주사를 맞았습니다.

주사를 맞은 까닭을 써 봅시다.

주사를 맞았습니다. 왜냐하면

주사를 맞았을 때의 느낌을 써 봅시다.

도서관에
갔습니다.

도서관에 언제 갔는지 써 봅시다.

도서관에 가서 무엇을 했는지 자세히 써 봅시다.

도서관에 다녀와서 기분이 어땠는지 자세히 써 봅시다.

자신이 한 일에 생각과 느낌을 자세히 쓴 것이 더 잘 쓴 일기입니다.

1. 제시한 단어를 이용해 처럼 마음대로 쭉쭉 늘려 쓰기를 해 봅시다.

> **보기**
>
> 받아쓰기   100점   공부   엄마
>
> 엄마랑 받아쓰기 공부를 열심히 하였다. 그래서 받아쓰기에서 100점을 받았다.
> 엄마는 정말 잘했다며 칭찬해 주셨다. 기분이 좋았다.

1)   친구   놀이터   아이스크림   학교

_____

_____

_____

2)   체험 학습   김밥   친구   버스

_____

_____

_____

3)   퀴즈   책   사탕   칭찬

_____

_____

_____

2. 나의 생일을 생각하며 물음에 답해 봅시다.

1) 질문에 대한 답을 써 봅시다.
• 내 생일에 무엇을 했나요?

_____

_____

• 어떤 선물을 받았나요?

_____

_____

• 선물을 받을 때 어떤 생각이나 느낌이 들었나요?

_____

2) 나의 생일을 생각하며 일기를 완성해 봅시다.

4월 23일 목요일   날씨: 햇살과 구름이 숨바꼭질하는 날

제목:
_____

_____

_____

_____

_____

25

대화 글 넣어 쓰기

1. 영민이의 일기를 읽고 물음에 답해 봅시다.

7월 2일 월요일   날씨: 하얀 구름이 예쁜 날

제목: 엄마 미워!

학원에 다녀와서 좋아하는 텔레비전 프로그램을 보았다.

그런데 엄마가 숙제도 안 하고 텔레비전만 보고 있다고 혼내셨다.

나는 텔레비전을 보고 숙제할 거라고 이야기했다.

그런데도 엄마는 숙제를 먼저 하고 텔레비전을 봐야 한다고 하셨다.

엄마 때문에 텔레비전을 못 보았다. 엄마가 미웠다.

1) 영민이는 어떤 일을 일기로 썼나요?

2) 빨간색으로 표시한 부분은 누가 한 말인가요?

3) 파란색으로 표시한 부분은 누가 한 말인가요?

2. 영민이가 " "(큰따옴표)를 사용해 쓴 일기를 보고 물음에 답해 봅시다.

7월 2일 월요일   날씨: 하얀 구름이 예쁜 날

제목: 엄마 미워!

학원에 다녀와서 좋아하는 텔레비전 프로그램을 보았다.

그런데 엄마가,

"숙제도 안 하고 텔레비전만 보고 있니?"   " "(큰따옴표)안에 대화 글을 써요.

하고 혼내셨다. 나는,

"텔레비전을 보고 숙제할 거예요."   대화 글을 쓸 때에는 줄 바꾸기를 해요.

라고 이야기했다. 그런데도 엄마는,

"숙제를 먼저 하고 텔레비전을 봐야지."

라고 하셨다. 엄마 때문에 텔레비전을 못 보았다.

엄마가 미웠다.

1) " "(큰따옴표) 안에 무엇을 썼나요?

_____

2) 대화 글을 넣어 글을 쓰는 방법입니다. 빈칸에 알맞은 말을 써 봅시다.

• 대화 글을 넣어 글을 쓰면 더 생생하고 재미있어요.

• 대화 글은 _____ 안에 써요.

• 대화 글을 쓸 때에는 반드시 _____ 을 바꾸어 써요.

1. 그림을 보고 놀이터에서 무슨 일이 있었을지 생각해 물음에 답해 봅시다.

1) 놀이터에서 무슨 일이 있었을까요?

_____

2) 아이들이 어떤 말을 주고받았을까요? 말풍선에 써 보세요.

_____

3) 아이들은 어떤 생각이나 느낌이 들었을까요?

_____

4) 일기의 제목을 무엇으로 하면 좋을까요?

_____

2. 정리한 내용을 생각하며 대화 글을 넣어 일기를 써 봅시다.

7월 21일 토요일   날씨: 놀이터에서 놀기 좋은 날

제목:

" "(큰따옴표)를 사용해 대화 글을 넣어 일기를 쓰고, 대화하는 것처럼 읽어 보면 일기가 더 재미있어요. 대화 글을 쓸 때 줄을 바꿔 썼는지도 꼭 확인해 보세요.

여러 가지 일기 쓰기

그림일기 쓰기

일기 쓰기의 첫 단계인 그림일기에 대해 알아봅니다.
그림을 보고 글로 나타내는 연습을 하고 그림일기를
써 봅니다.

 자기 주도 학습 계획표

1. 느낌을 나타내는 문장을 읽고 보기 처럼 어울리는 표정을 그려 봅시다.

동생이 내가 아끼는 장난감을
망가뜨렸습니다. 무척 화가 났습니다.

생일 선물로 장난감을 받았어요.
갖고 싶었던 장난감을 받아서 무척 기뻐요.

내가 읽은 책 속 주인공이 병에 걸리고
말았습니다. 무척 슬펐습니다.

오늘 날씨가 너무 더워요.
그래서 기운도 없고 지쳤습니다.

> 거울을 살펴보며 기쁠 때, 슬플 때, 지루할 때, 속상할 때, 화가 났을 때의 표정을 지어 보세요.
> 표정이 정말 다양하죠? 다양한 표정을 그림으로 나타내면 그림일기를 더 잘 쓸 수 있어요.

2. 민영이가 겪은 일입니다. 그림이 있는 곳에는  처럼 그림에 어울리는 글을 쓰고, 글이 있는 곳에는 글에 어울리는 그림을 그려 봅시다.

아빠와 자전거를 탔다.
아빠가 쌩쌩 달려서 기분이 정말 좋았다.

엄마가 요리하는 것을 도와드렸다.
요리는 정말 재미있다.
엄마를 도와드릴 수 있어 좋았다.

33

처음 쓰기

1. 그림일기에 대하여 알아봅시다.

5월 18일 금요일 　　　　　　　　　　　　　　날씨: 반팔을 입어도 될 만큼 더운 날

제목: 오르락내리락 시소

영	훈	이	와		함	께		놀	이	터	에	서		시	소	를		탔	다	.
위	아	래	로		움	직	이	는		시	소	!		시	소	가		위	아	래	로
움	직	일		때	마	다		쿵	쿵		소	리	가		들	려	서		더		재
미	있	었	다	.																

1) 빈칸에 들어갈 알맞은 낱말을 써 봅시다.

• 그림일기는 그림책처럼 ☐ 과 ☐☐ 을 함께 쓰는 일기입니다.

2) 그림일기에는 무엇이 들어가는지 써 봅시다.

날짜와 날씨		
언제 있었던 일인지, 그날의 분위기나 기상 상태가 어땠는지 알 수 있어요.	인상 깊었던 일을 그립니다. 그림만 보고도 어떤 일이 있었는지 알 수 있도록 그리면 좋습니다.	그림에 어울리게 짧은 글을 씁니다. 생각과 느낌을 함께 쓰면 좋습니다.

34

2. 주안이가 쓴 그림일기입니다. 그림일기의 빈 곳을 채워 일기 내용을 완성하고, 내용에 맞는 그림을 그려 봅시다.

6월 24일 수요일	날씨: 너무 덥다, 더워!

제목: 멋지게 슛 골

	친	구	와		축	구	를		하	였	다	.
내	가		멋	지	게		공	을		찼	는	
데		골	인	이		되	었	다	.			

그림을 잘 못 그린다고요? 그림 실력은 중요하지 않아요. 내가 보았던 것, 있었던 일 등을 크게 그리고, 잘 어울리게 그리면 됩니다. 글에 잘 어울리는 그림은 그림일기를 더 돋보이게 해 줍니다.

1. 다음은 유나에게 있었던 일을 보여 주는 그림과 글입니다. 보기 를 보고 각각의 그림 상황에 맞게 있었던 일과 생각한 것을 써 봅시다.

보기

있었던 일 오늘 아침에 늦게 일어나 학교에 지각을 했다.

생각한 것

학교에 뛰어가는 것도 힘들고,
지각을 해서 선생님께 혼나 기분이 안 좋았다.

있었던 일 쉬는 시간에 민지한테 편지를 받았다.

생각한 것

_____

_____

_____

_____

있었던 일 과자를 먹다가 동생과
심하게 싸웠다.

생각한 것

_____

_____

_____

_____

있었던 일

_____

_____

생각한 것

_____

_____

_____

1. 그림을 보고 일기의 쓸거리를 떠올려 자세히 써 봅시다.

1)

언제	
누구와	
있었던 일	
생각이나 느낌	

2)

언제	
누구와	
있었던 일	
생각이나 느낌	

2. 1번에서 정리한 내용 중 한 가지를 선택하여 그림일기를 써 봅시다.

월 일 요일	날씨:
제목:	

실전 쓰기 **자유롭게 일기 쓰기**

★ 그림일기를 자유롭게 써 봅시다.

월 일 요일	날씨:
제목:	

2단원

동시 일기 쓰기

동시에 대해 알아봅니다.
나에게 있었던 일을 동시 일기로 써 봅니다.

 자기 주도 학습 계획표

동시 일기 쓰기

1. 떡볶이를 먹고 쓴 두 개의 일기를 보고 물음에 답해 봅시다.

1 친구와 함께 먹은 떡볶이

학교에서 집으로 돌아오는 길에
배가 고파서 떡볶이를 사 먹었다.
오백 원짜리 컵 떡볶이다.
떡볶이는 달콤하고 조금 매콤하다.
그래서 콧잔등에 땀이 난다.
먹다 보니 벌써 다 먹었다.
단짝 친구 준영이와 떡볶이를
또 먹고 싶다.

2 떡볶이

학교 앞 떡볶이집
배가 꼬르륵꼬르륵
주머니 속 오백 원으로
컵 떡볶이 하나

땀 송송 입안 얼얼
달콤 매콤 맛있다.
단짝 친구 준영이와
호르륵 냠냠 또 먹고 싶다.

1) 두 일기 모두 어떤 일을 쓴 일기인가요?

2) **1**과 **2** 중에서 더 짧게 줄여서 쓴 글은 무엇인가요?

3) **1**과 **2** 중에서 소리 내어 읽었을 때 노래하는 느낌이 나는 글은 무엇인가요?

동시는 자신이 겪은 일이나 생각,
느낌을 짧고 간결하게 쓴 글이에요.
자신의 생각과 느낌을 솔직하게
표현하면 좋은 동시를 쓸 수 있어요.

2. 동시 '떡볶이'를 다시 읽고 빈칸을 채우며 행과 연을 알아봅시다.

떡볶이

학교 앞 떡볶이집	1행
배가 꼬르륵꼬르륵	2행
주머니 속 오백 원으로	행
컵 떡볶이 하나	행

1연

땀 송송 입안 얼얼	5행
달콤 매콤 맛있다.	행
단짝 친구 준영이와	행
호르륵 냠냠 또 먹고 싶다.	8행

연

1) 동시 '떡볶이'는 전체 몇 연 몇 행인가요?　　　　　연　　　　　행

2) 떡볶이의 맛을 표현한 것은 몇 연인가요?

3) 단짝 친구와 떡볶이를 먹고 싶은 마음을 표현한 것은 몇 연인가요?

'행'은 동시에서 한 줄, 한 줄이고, '연'은 여러 행이 모여 한 묶음이 된 것을 말해요.

1. 동시를 읽고 반복되는 말이나 재미있는 말을 찾아 ○표를 해 봅시다.

우리 동네 개구쟁이

꼬질꼬질 맨발에
이마 땀이 송송
얼룩덜룩 까만 손에
흙먼지가 폴폴

지나가던 강아지가
같이 놀자 멍멍
옆에 있던 고양이가
친구 하자 야옹

2. 그림을 보고 생각나는 흉내 내는 말을 써 봅시다.

	• 쌔근쌔근 • 드르렁드르렁 • _____
	• 싱글벙글 • _____ • _____
	• 꿀꺽 • _____ • _____

'꿀꺽', '드르렁드르렁' 처럼 소리를 나타내는 말이나 '싱글벙글', '한들한들' 처럼 움직이는 모양을 나타내는 말이 있어요. 이런 말을 흉내 내는 말이라고 해요.

3. 그림 속 말풍선에 흉내 내는 말을 쓰고, 흉내 내는 말을 사용해 그림을 설명하는 글을 써 봅시다.

- 함박눈이 _____
  내립니다.

- 아이들이 뽀드득뽀드득
  눈을 밟습니다.

- 손이 꽁꽁 얼어서 아이들이
  입김을 붑니다.
  _____

- _____
  _____

- _____
  _____

- _____
  _____

흉내 내는 말을 사용하면 글의 내용을 더 생생하고 자세하게 전달할 수 있어요.

1. 동시를 읽고 물음에 답해 봅시다.

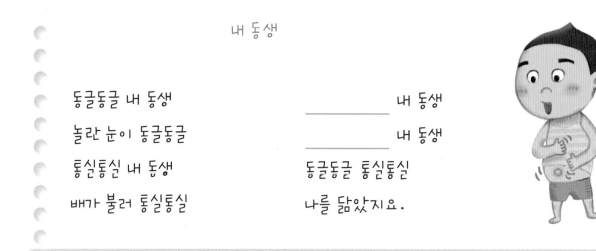

내 동생

동글동글 내 동생
놀란 눈이 동글동글
통실통실 내 동생
배가 불러 통실통실

_____ 내 동생
_____ 내 동생
동글동글 통실통실
나를 닮았지요.

1) 빈칸에 '동글동글' 또는 '통실통실'을 넣어 읽어 봅시다. 어떤 느낌이 드나요?

_____

2) 빈칸에 '까칠까칠'을 넣어 읽어 봅시다. 어떤 느낌이 드나요?

_____

2. 보기 처럼 알맞은 흉내 내는 말을 넣고 낱말의 순서를 바꿔 표현해 봅시다.

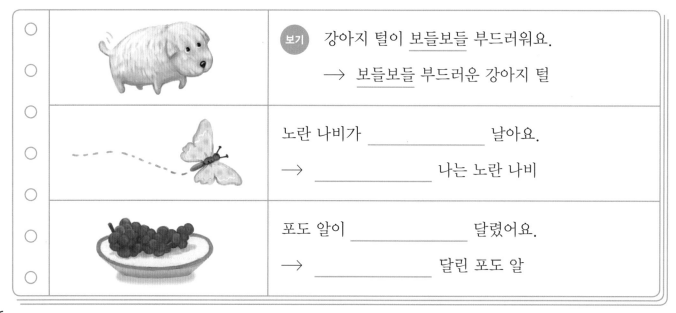

보기 강아지 털이 보들보들 부드러워요.

→ 보들보들 부드러운 강아지 털

노란 나비가 _____ 날아요.

→ _____ 나는 노란 나비

포도 알이 _____ 달렸어요.

→ _____ 달린 포도 알

3. 동시를 읽고 물음에 답해 봅시다.

1) 글쓴이가 겪은 일은 무엇일까요?

_____

2) 아빠 방귀, 엄마 방귀, 내 방귀를 각각 무슨 방귀라고 하였나요?

_____

방귀

아빠 방귀 펑펑 쿵쿵 대포 방귀

엄마 방귀 피식 쉭쉭 바람 방귀

내 방귀 뿡뿡 뽀옹 요술 방귀

4. 내가 겪은 일을 떠올려 동시를 바꾸어 써 봅시다.

1) 방귀 소리를 들은 적이 있나요? 내가 들은 방귀 소리를 써 봅시다.

- _____ 의 방귀 소리: _____

- _____ 의 방귀 소리: _____

- _____ 의 방귀 소리: _____

2) 방귀 소리를 들었던 경험을 살려 동시를 바꾸어 써 봅시다.

제목: _____

이름 _____

_____ 방귀 _____

_____ 방귀 _____

_____ 방귀 _____

동시 쓰기가 어렵다고요? 걱정하지 말아요. 내가 재미있게 읽은 동시를 바꿔 쓰면서 동시 쓰는 연습을 해 봅시다. 어느새 멋진 동시를 쓸 수 있게 될 거예요.

1. 동시를 읽고 물음에 답해 봅시다.

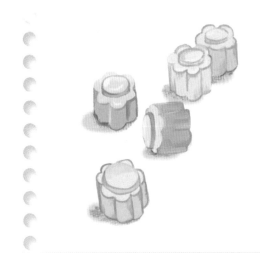

공기놀이

숙제를 하다가　　　　　　숙제를 다 하고
한 번 힐끔　　　　　　　　또각또각 공기놀이
두 번 힐끔　　　　　　　　계속 계속 하고 싶어.

1) 글쓴이는 숙제를 하면서 무엇을 쳐다보았나요? 왜 그것을 쳐다보았을까요?

_____

2) 이 시에서 글쓴이의 마음이 가장 잘 느껴지는 부분에 밑줄을 그어 봅시다.

2. 그림을 보고 동시로 표현하고 싶은 내용을 써 봅시다.

1) 무엇을 하고 있는 그림일까요?

_____

2) 어울리는 흉내 내는 말을 써 봅시다.

_____

3) 내 생각과 느낌을 써 봅시다.

_____

3. 2번에 정리한 내용을 바탕으로 동시 일기를 써 봅시다.

월   일   요일   날씨:

제목:

_____

_____

_____

_____

_____

_____

_____

_____

_____

_____

급식 시간에 내가 겪은 일, 생각과 느낌을 짧고 간결하게 표현해요. 동시를 쓰고 나서 동시와
어울리는 그림까지 그리면 내가 쓴 동시가 더 돋보일 거예요.

자유롭게 일기 쓰기

★ 동시 일기를 자유롭게 써 봅시다.

월 일 요일	날씨:

제목:

관찰 일기 쓰기

관찰이 무엇인지 알아봅니다.
주변을 살펴보고 관찰 일기를 써 봅니다.

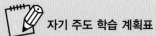 자기 주도 학습 계획표

학습일	쪽	학습 내용	공부한 날	확인
1일차	52~53	관찰이란 무엇인지 알기	/	
2일차	54~55	관찰 일기를 읽고 물음에 답하기	/	
3일차	56~57	주변에서 볼 수 있는 것으로 관찰 일기 써 보기	/	
4일차	58~59	스파이 일기를 알고 써 보기	/	
5일차	60	자유롭게 관찰 일기 쓰기	/	

1. 영진이가 낸 문제를 보고 무엇을 관찰한 것인지 빈칸에 써 봅시다.

이 과일은 여름에 주로 볼 수 있어.
겉은 초록색에 까만 줄무늬가 있고 속살은 빨갛지.
과일의 속에는 검은색 씨가 여러 개 들어 있어.
이 과일은 무엇일까?

이 과일은 봄에 볼 수 있어.
빨간색에 초록색 꼭지가 달려 있어.
이 과일의 겉에는 작은 씨가 주근깨처럼 달려 있어.
맛은 새콤달콤해. 이 과일은 무엇일까?

2. 좋아하는 과일을 한 가지 정해 살펴봅시다. 그리고 영진이처럼 문제를 내 봅시다.

3. 관찰이란 무엇인지 아래 빈칸에 알맞은 말을 써 봅시다.

· 주변의 동물, 식물, 어떤 물건, 장소, 사람, 일어나는 일 등을 자세히 살펴보는 것을

_____ 이라고 합니다.

4. 눈, 코, 입, 귀, 손을 이용해 관찰하는 방법을 보기 에서 골라 빈칸에 써 봅시다.

보기   냄새   소리   맛   색깔과 모양

	· _____	을 볼 수 있어요.
	· _____	를 맡을 수 있어요.
	· _____	을 볼 수 있어요.
	· _____	를 들을 수 있어요.
	· 촉감을 느낄 수 있어요.	

관찰할 때 눈, 코, 입, 귀, 손을 모두 다 사용해야 하는 것은 아니에요. 관찰 대상에 맞게 선택해서
사용하면 됩니다. 다만, 함부로 맛을 보거나 냄새를 맡으면 위험할 수 있으니 조심해야 합니다.

1. 영진이가 쓴 관찰 일기를 읽고 물음에 답해 봅시다.

7월 13일 월요일   날씨: 비가 와서 좋은 날

제목: 길쭉한 지렁이

학교에서 돌아오는 길에 지렁이를 보았다. 기어다니는 모습이 조금 징그러웠다.

지렁이를 자세히 살펴보았다. 갈색과 붉은색이 섞인 지렁이.

온몸에 주름 같은 것이 있었고, 몸을 줄였다 늘였다 하면서 꿈틀꿈틀 기어가는 모습이

애벌레 같았다. 그런데 왜 비가 오면 지렁이가

많이 보이는 걸까? 정말 궁금하다.

1) 영진이가 무엇을 관찰했나요?

_____

2) 지렁이는 어떤 모습이었고 어떻게 움직였나요?

_____

3) 영진이가 지렁이에 대해 궁금한 점은 무엇인가요?

_____

> 관찰 대상에 대해 궁금한 것이 생겼을 때는 어떻게 해야 할까요?
> 어른들께 여쭤보거나, 책, 인터넷 등에서 궁금한 내용을 찾아보면 좋습니다.

2. 영진이가 지렁이에 대해 궁금한 점을 책에서 찾아보았습니다. 책의 내용을 참고하여
영진이의 일기를 완성해 봅시다.

지렁이

지렁이는 피부로 숨을 쉽니다.
그런데 비가 오면 땅속에
물이 차서 숨을 쉴 수가 없어요.
그래서 비가 오면 지렁이는
숨을 쉬기 위해 땅 위로
올라옵니다.

그런데 왜 비가 오면 지렁이가 많이 보이는 걸까? 도서관에서 책을 찾아보니,

관찰 일기를 쓰면 주변의 사물, 동식물, 사람에 대해 관심을 갖게 되어요.
그리고 관찰력도 좋아지지요. 또 일기를 자세히 쓰는 방법도 알 수 있어요.

1. 우리 주변에서 쉽게 볼 수 있는 것을 관찰해 빈칸을 채워 봅시다.

색깔	다리의 수
특징 머리, 가슴, 배의 세 부분으로 나누어져 있다.	**느낀 점, 더 알고 싶은 점** 부지런한 개미처럼 나도 열심히 공부해야겠다.

색깔	**모양** 손처럼 생겼다.
크기	느낀 점, 더 알고 싶은 점

색깔	쓰임새
크기	주의할 점

2. 1번에서 관찰한 것 중 하나를 선택하여 그림을 그리고 관찰 일기를 써 봅시다.

월 일 요일	날씨:
제목:	

관찰 일기를 쓸 때 그림을 그리면 관찰 내용을 더 생생하게 알 수 있어요.
그림을 그리기 어려울 때는 인터넷이나 책에서 찾은 사진을 붙여도 좋아요.

1. 스파이 일기란 나와 친한 사람을 몰래 관찰해 쓰는 일기예요. 미진이가 쓴 스파이 일기를 읽고 물음에 답해 봅시다.

9월 13일 수요일　　　　　　　　　　날씨: 저녁에는 시원한 바람이 분다.

제목: 스파이 일기(우리 엄마)

6시 반쯤 되면 엄마가 직장에서 돌아오신다. 집에 돌아온 엄마는,

"숙제했니? 안 했어? 학교에서 오자마자 숙제하라고 했지?" 하고

잔소리를 하신다. 빨리 숙제하라며 숙제를 봐주신다. 8시쯤 엄마는 저녁밥을

차려 주신다. 오늘은 달걀말이. 나랑 동생이 가장 좋아하는

반찬이다. 그러나 엄마는,

"달걀말이만 먹지 말고, 김치도 먹어야지." 하고 잔소리를 하신다.

9시쯤 엄마는 나와 동생의 이불을 깔아 주시며,

"어서 자. 일찍 자야 내일 학교 가지."

하고 잔소리를 하신다. 10시쯤 거실에 살짝 나가 보면, 엄마가 텔레비전을 보시며

꾸벅꾸벅 졸고 있는 모습을 볼 수 있다. 피곤하신가 보다. 우리 엄마는 잔소리쟁이다.

그래도 늘 나랑 동생을 위해 맛있는 음식을 해 주시고, 숙제도 봐주시는 엄마가 고맙다.

1) 미진이 엄마가 한 일을 정리해 보았습니다. 빈칸에 알맞은 답을 써 봅시다.

• 6시 반 : 직장에서 돌아오신다.

• 8시 : ＿＿＿＿＿＿＿ 을 차려 주신다.

• 9시 : 나와 동생의 ＿＿＿＿＿＿＿ 을 깔아 주신다.

2) 미진이가 엄마를 관찰하면서 생각하거나 느낀 점은 무엇일까요? 생각이나 느낌이 나타난 부분에 밑줄을 그어 봅시다.

2. 아래의 물음에 답하며 스파이 일기를 쓸 계획을 세워 봅시다.

1) 누구를 관찰하고 싶은가요?

_____

2) 내가 관찰하는 사람이 하는 말과 행동을 간단히 적어 봅시다.

언제	하는 말과 행동

3) 관찰하면서 느낀 점이나 생각한 점을 적어 봅시다.

_____

_____

3. 계획을 세운 것을 바탕으로 스파이 일기를 써 봅시다.

> 월   일   요일   날씨:
>
> 제목:
>
> _____
> _____
> _____
> _____

나와 친한 사람을 관찰하면서 재미있었던 점이나 힘들었던 점이 있나요? 내가 관찰하는 사람에 대해 새롭게 알게 된 점이 있나요? 이런 것을 적으면 일기를 더 알차게 쓸 수 있습니다.

자유롭게 일기 쓰기

★ 관찰 일기를 자유롭게 써 봅시다.

월 일 요일	날씨:
제목:	

자유롭게 일기 쓰기

독후 일기 쓰기

책을 읽고 생각과 느낌을 쓰는 방법을 알아봅니다.
읽은 책의 내용을 정리해 독후 일기를 써 봅니다.

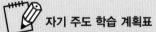 자기 주도 학습 계획표

학습일	쪽	학습 내용	공부한 날	확인
1일차	62~63	독후 일기에 대해 알아보기	/	
2일차	64~65	책을 읽고 생각이나 느낌을 써 보기	/	
3일차	66~67	독후 일기 완성하기	/	
4일차	68~69	책의 내용을 정리해 독후 일기 써 보기	/	
5일차	70	자유롭게 독후 일기 쓰기	/	

독후 일기 쓰기

1. 희수가 책을 읽고 나서 일기를 썼습니다. 희수의 일기를 읽고 물음에 답해 봅시다.

> 11월 21일 화요일   날씨: 하늘이 참 푸른 날
>
> 제목: '어두운 계단에서 도깨비가'를 읽고
>
> 이 책의 제목을 보고 어두운 계단에서 도깨비가 나오면
> 어떤 기분이 들까 궁금해 책을 펼쳤다.
> 이 책의 주인공 수민이는 비가 오는 날 집 안에서 뛰어 놀다가
> 아래층 아주머니께 싫은 소리를 들었다. 그래서 엄마께
> 꾸중도 들었다. 속상한 수민이는 집을 나와 아파트 계단으로 갔다.
> 계단에는 수민이처럼 시끄럽게 떠들어서 쫓겨난 도깨비들이
> 있었다. 수민이는 도깨비들과 어울려 신나게 놀았다.
> 내가 만약 수민이처럼 도깨비들을 만났다면 친구들과 실컷
> 뛰어놀 수 있는 곳으로 가서 함께 놀자고 이야기하고 싶다.
> 그곳에 가서 도깨비들과 신나게 놀고 싶다.

1) 희수가 이 책을 읽게 된 까닭은 무엇일까요?

_____

2) 희수가 읽은 책의 내용을 찾아 빨간색 색연필로 밑줄을 그어 봅시다.

3) 희수가 도깨비를 만나 하고 싶은 말을 찾아 써 봅시다.

_____

> 책을 읽고 나서, 영화를 보고 나서, 연극, 뮤지컬과 같은 공연을 보고 나서 자신의 생각과 느낌을
> 적은 일기를 감상 일기라고 해요. 그중 책을 읽고 나서 쓴 일기를 독후 일기라고 합니다.

2. 희수와 같은 책을 읽고 친구들이 생각과 느낌을 이야기하고 있습니다. 아래 물음에 답해 봅시다.

도깨비들을 만났는데 무서워하지 않고 함께 논 수민이는 정말 용감한 것 같아.

혜지

도깨비들과 수민이가 쿵쿵 놀이를 하는 장면이 재미있었어. 아파트 25층에서 4층까지 '쿵쿵쿵' 하며 순식간에 올라갔다 내려오는 게 신기했어.

철우

이 책을 읽고 나니까 나도 도깨비들이랑 함께 놀고 싶다는 생각이 들었어. 도깨비들을 만나면 함께 쿵쿵 놀이를 할 거야.

현민

1) 주인공에 대해 이야기한 친구는 누구인가요?

2) 재미있었던 장면을 이야기한 친구는 누구인가요?

3) 책을 읽고 나서 든 생각이나 느낌을 이야기한 친구는 누구인가요?

> 책에 대한 생각과 느낌은 사람마다 달라요. 주인공에게 하고 싶은 말을 편지로 쓰거나, 재미있는 장면을 그림으로 그리면 좋은 독후 일기가 된답니다.

3. 책을 읽고 독후 일기를 쓸 때 어떤 내용이 들어가면 좋을지 써 봅시다.

• 책을 읽게 된 까닭

•

•

> 책의 줄거리 대신에 재미있거나 감동받은 부분, 인상 깊었던 부분을 써도 좋아요. 또 등장인물이 겪은 일과 비슷한 내 경험을 쓰거나, 등장인물에게 하고 싶은 말을 써도 멋진 독후 일기가 될 거예요.

1. 영철이가 이솝 우화 〈사자와 생쥐〉를 읽고 줄거리를 그림으로 그려 독후 일기를 썼습니다. 물음에 답해 봅시다.

1) 생쥐가 은혜를 갚는다는 말을 듣고 사자는 어떻게 생각했나요?

2) 생쥐가 사자를 구해 주었을 때 사자는 어떤 마음이 들었을까요?

책을 읽고 줄거리를 그림으로 그리는 것만으로도 멋진 독후 일기가 된답니다.
거기에 책을 읽고 든 생각이나 느낌을 곁들이면 더 멋진 독후 일기가 되겠지요?

2. 책을 읽고 생각이나 느낌을 쓰는 방법을 알아봅시다.

1) 책을 읽고 자신의 경험을 떠올리며 답을 써 봅시다.

사자처럼 작은 것을 얕보고 함부로 사용한 적이 있나요?	• 지우개 장난을 한다고 조각조각 자른 적이 있다. •
생쥐가 사자를 도와준 것처럼 누군가를 도와준 적이 있나요? 아니면 사자처럼 도움을 받은 적이 있나요?	• 내가 종이접기를 잘 못할 때 친구가 친절하게 가르쳐 주었다. •

2) 〈사자와 생쥐〉 속 주인공에게 하고 싶은 말을 간단히 써 봅시다.

	• 사자야! 처음에 생쥐가 작다고 무시했지? 아무리 작아도 함부로 무시하면 안 돼.
	•

> 책을 읽고 나서 나의 생각과 느낌을 어떻게 써야 할까요? 경험을 떠올리거나, 인물에게 하고 싶은 말을 생각해 보세요. 또 책을 읽고 재미있었던 점, 인상 깊었던 부분, 본받고 싶은 부분, 나라면 어떻게 했을까 등을 생각해 보세요.

1. 〈금 구슬을 버린 형제〉의 줄거리를 보고, 떠오르는 생각이나 느낌을 써 봅시다.

그림	줄거리	생각이나 느낌
	마음씨 착한 형제가 먼 길을 떠났다. 아우가 풀숲에서 금 구슬 두 개를 발견했다. 아우는 형과 금 구슬을 한 개씩 나누어 가졌다.	• 아우가 금 구슬을 어떻게 할까 궁금했다. •_____
	아우는 '형만 없었다면 내가 금 구슬 두 개를 다 가질 수 있었는데.' 하는 생각이 들었다. 그래서 형이 자꾸 미워졌다.	• 나도 아우처럼 금 구슬을 두 개 다 가지고 싶을 것 같다. •_____
	배를 타고 강을 건너다가 아우는 금 구슬을 강물에 버렸다. 금 구슬보다는 형이 더 소중했기 때문이다.	•_____
	아우의 말을 들은 형도 금 구슬을 버렸다. 금 구슬보다 아우가 더 소중했기 때문이다.	•_____

> 나도 형이나 누나, 동생에게 양보하지 않고 욕심을 부린 석은 없는지 생각해 봅시다. 금 구슬을 버린 형제에게 칭찬하고 싶은 점은 무엇인지 생각해 봅시다.

2. 1번에 정리한 내용을 바탕으로 〈금 구슬을 버린 형제〉 독후 일기를 완성해 봅시다.

월 일 요일	날씨:

제목:

엄마와 같이 '금 구슬을 버린 형제'를 읽었다. 제목을 보고 귀한 금 구슬을 왜 버렸을까 궁금했다. 이 책에는 착한 형제가 나온다. 풀숲에서 금 구슬을 발견하고 형제는 사이좋게 나누어 가졌다. 그런데 곧 아우는 금 구슬 두 개를 다 가지고 싶은 욕심이 생겼다. 그래서 아우는 형이 미워졌다. 그러나 금 구슬보다 형이 소중했던 아우는 금 구슬을 버렸고, 형도 이런 아우의 마음을 알고 금 구슬을 버렸다.

〈금 구슬을 버린 형제〉를 읽고 생각하거나 느낀 점을 써서 일기를 완성해 봅시다.
등장인물에게 하고 싶은 말이나 나의 다짐을 써 봅시다.

1. 석준이가 쓴 독후 일기를 읽고 물음에 답해 봅시다.

10월 28일 금요일 　　　　　　　　　　 날씨: 아침 저녁 쌀쌀한 바람이 분다.

제목: 톤즈의 슈바이처 이태석 신부님

이태석 신부님께

이태석 신부님, 안녕하세요? 저는 청일초등학교 1학년 4반 이석준이라고 해요.

신부님! 저는 얼마 전에 신부님의 이야기가 담긴 책을 읽어 보았어요.

아프리카 수단의 작은 마을 톤즈에 있는 가난하고 아픈 사람들을 열심히

치료해 주시는 신부님의 모습을 보면서 꼭 슈바이처 같다고 생각했어요.

신부님! 저도 신부님처럼 다른 사람을 돕는 멋진 사람이 될게요.

그럼 안녕히 계세요.

1) 석준이는 무엇을 읽고 독후 일기를 썼나요?

_____

2) 석준이가 책을 읽고 생각하거나 느낀 점은 무엇인가요? 밑줄을 그어 봅시다.

2. 재미있게 읽었던 책을 떠올리며 빈칸에 내용을 정리해 써 봅시다.

제목	이 책을 읽은 이유
기억에 남는 장면	생각이나 느낌

3. 2번에 정리한 내용을 바탕으로 독후 일기를 써 봅시다.

월 일 요일	날씨:
제목:	

석준이처럼 인물에게 편지를 써도 좋고, 기억에 남는 장면을 그려도 좋아요.
생각과 느낌을 분명하게 쓰면 좋은 독후 일기가 됩니다.

실전 쓰기 　자유롭게 일기 쓰기

★ 독후 일기를 자유롭게 써 봅시다.

월　　일　　요일					날씨:					
제목:										

편지 일기 쓰기

편지에 들어가는 내용을 알아봅니다.
대상을 정해 편지 일기를 써 봅니다.

 자기 주도 학습 계획표

1. 민지가 일기장에 편지를 썼습니다. 민지가 쓴 편지를 읽고 물음에 답해 봅시다.

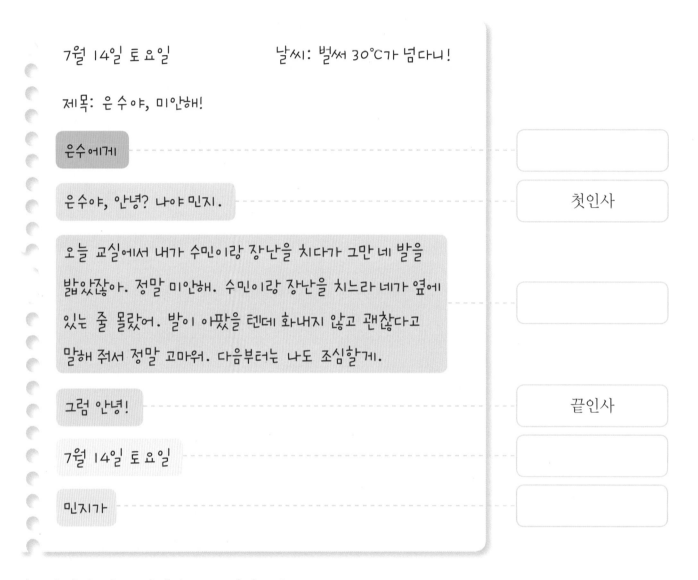

7월 14일 토요일   날씨: 벌써 30℃가 넘다니!

제목: 은수야, 미안해!

은수에게

은수야, 안녕? 나야 민지.   — 첫인사

오늘 교실에서 내가 수민이랑 장난을 치다가 그만 네 발을 밟았잖아. 정말 미안해. 수민이랑 장난을 치느라 네가 옆에 있는 줄 몰랐어. 발이 아팠을 텐데 화내지 않고 괜찮다고 말해 줘서 정말 고마워. 다음부터는 나도 조심할게.

그럼 안녕!   — 끝인사

7월 14일 토요일

민지가

1) 편지를 받는 사람은 누구인가요?

2) 민지와 수민이 사이에 있었던 일을 쓴 부분에 밑줄을 그어 봅시다.

3) 민지가 왜 편지를 일기에 썼을까요? 빈칸에 알맞은 말을 써 봅시다.

은수에게 _____ 하고 싶은데 쑥스러웠어. 그런데 일기장에 쓰고 나니까 용기가 생겨. 내일 은수에게 미안하다고 말해야지.

2. 편지에 들어가야 할 내용이 무엇인지 알아봅시다. (보기)에서 편지에 들어가는 내용을
골라 **1**번에 있는 편지 옆 빈칸에 써 봅시다.

> (보기)   하고 싶은 말   받는 사람   첫인사   끝인사   쓴 날짜   쓴 사람

일기장에 편지를 쓸 때에는 편지에 들어가야 할 내용을 다 쓰지 않아도 괜찮아요.
대신 편지를 받는 사람에게 하고 싶은 말은 꼭 써야 해요.

3. 일기장에 편지를 쓴다면 누구에게 쓰면 좋을지 생각해 써 봅시다.

나에게
나에게 편지를
쓰면 나를
잘 알게 돼요.

작가에게
책을 읽고 나서
궁금했던 점이나
느낀 점을 담아
작가에게 편지를 써요.

누구에게
편지를 쓸까?

주인공이나 등장인물
책을 읽고 나서
책의 주인공이나
등장인물에게
편지를 써요.

〈안네의 일기〉는 독일에 전쟁이
일어나 숨어 살던 안네가 자신의
일기장에게 편지 형식으로 쓴 일기를
엮은 책이에요.
안네처럼 일기장을 친구로 여기며
편지를 써 보세요. 내 마음을
솔직하게 이야기할 수 있을 거예요.

1. 베짱이가 개미에게 편지를 썼습니다. 베짱이가 쓴 편지를 읽고 물음에 답해 봅시다.

개미에게

개미야, 안녕?

지난 겨울에 정말 고마웠어.

개미야! 나도 여름에 노래만 부르지 않고 너처럼 열심히 일할게.

우리 좋은 친구가 되자.

4월 8일 금요일

베짱이가

1) 누구에게 쓴 편지인가요?

_____

2) 무슨 말을 전하고 싶어서 이 편지를 썼을까요?

_____

3) 이 편지를 읽고 베짱이가 어떤 일을 고마워하는지 알 수 있나요? ○ ✕

2. 지난 겨울 베짱이에게 어떤 일이 있었는지 살펴봅시다.

개미 말이 맞았어.
너무 춥고 힘들어.
개미한테 먹을 것을
달라고 해 볼까?

개미야!
나야, 베짱이.

이게 무슨 일이야.
어서 들어와!

개미야,
도와줘서 정말 고마워.
나도 너처럼 여름에
열심히 일할게.

괜찮아.
우리 친구잖아.

74

3. 베짱이의 편지를 고쳐 써 봅시다.

1) 베짱이는 개미에게 언제, 어떤 도움을 받았나요?

_____

2) 그때 베짱이는 개미에게 어떤 마음이 들었을까요?

_____

3) 위에서 정리한 내용을 바탕으로 베짱이가 되어 편지를 써 봅시다.

개미에게

개미야, 안녕?

지난 겨울에 정말 고마웠어.

개미야! 나도 여름에 노래만 부르지 않고 너처럼 열심히 일할게.

우리 좋은 친구가 되자.

4월 8일 금요일

베짱이가

편지를 쓸 때에는 자신의 마음을 자세하게 표현해야 해요. 언제 어떤 일이 있었는지, 그때 어떤 생각이나 마음이 들었는지 자세히 쓰면 편지를 받는 사람에게 내 마음을 잘 전할 수 있어요.

1. 영훈이가 읽고 있는 〈미운 오리 새끼〉를 보고 물음에 답해 봅시다.

미운 오리 새끼

다른 새끼 오리보다 크고 못생긴 오리가 있었어요. 다른 오리들은 그 오리를 '미운 오리 새끼'라고 불렀어요.
"저 오리 좀 봐. 정말 못생겼어!"
새끼 오리들은 미운 오리 새끼를 부리로 쪼면서 괴롭히고 놀렸어요. 그리고 심지어 이런 말도 했어요.
"저 오리가 우리와 같은 오리라는 게 너무 싫어. 고양이가 와서 미운 오리 새끼를 물어가 버렸으면 좋겠어."
불쌍한 미운 오리 새끼는 견디다 못해 친구들 곁을 벗어나 멀리 떠났어요. 그리고 춥고 외로운 겨울을 보냈지요.

봄이 오고, 미운 오리 새끼는 물속에 비친 자기 모습을 보았어요. 그런데 맑은 물에는 미운 오리 새끼가 아닌 아름다운 백조의 모습이 비쳤어요. 미운 오리 새끼는 아름다운 백조였던 거예요.

1) 영훈이가 미운 오리 새끼에게 하고 싶은 말을 정리했어요. 새끼 오리에게는 어떤 말을 하고 싶은지 써 봅시다.

	• 미운 오리 새끼야! 그 동안 새끼 오리들이 괴롭혀서 힘들었지? 네가 백조가 되어 참 기뻐.
	•

2. 〈미운 오리 새끼〉에 나오는 동물 중 하나를 선택하여 편지 일기를 써 봅시다.

월 일 요일	날씨:
제목:	
받는 사람	에게
첫인사	
하고 싶은 말	
끝인사	
쓴 날짜	
쓴 사람	

새끼 오리나 미운 오리 새끼 중 누구에게 편지를 쓰고 싶은지 정해요.
그리고 하고 싶은 말을 편지로 써 봅시다.

1. 편지 일기를 쓴다면 누구에게 쓰고 싶은지 그림을 그리고 써 봅시다.

요리해 주시는 엄마

같이 놀아 주시는 아빠

2. 편지에 쓸 내용을 정리하여 봅시다.

1) 누구에게 편지를 쓰고 싶은가요?

_____

2) 그 사람에게 어떤 말을 하고 싶은지 써 보세요.

에게   라고 말하고 싶습니다.

_____

왜냐하면

_____

3. 2번에 정리한 내용으로 하고 싶은 말을 담아 편지 일기를 써 봅시다.

월 일 요일	날씨:
제목:	
받는 사람	
첫인사	
하고 싶은 말	
끝인사	
쓴 날짜	
쓴 사람	

내 주변에 고마운 사람 또는 사과하고 싶은 사람을 떠올려 봅시다.
고마웠던 마음, 미안했던 마음을 솔직하게 담아 편지를 써 봅시다.

자유롭게 일기 쓰기

★ 편지 일기를 자유롭게 써 봅시다.

월 일 요일					날씨:					
제목:										

여행 일기 쓰기

여행을 다녀온 뒤 내용을 정리해 봅니다.
여행의 경험을 떠올리며 여행 일기를 써 봅니다.

 자기 주도 학습 계획표

학습일	쪽	학습 내용	공부한 날	확인
1일차	82~83	여행 일기에 들어갈 내용 알아보기	/	
2일차	84~85	여행에서 있었던 일을 순서대로 정리하기	/	
3일차	86~87	여행 다녀온 내용을 정리해 일기 완성해 보기	/	
4일차	88~89	여행을 갔던 경험을 떠올리며 여행 일기 써 보기	/	
5일차	90	자유롭게 여행 일기 쓰기	/	

1. 시우가 여행을 다녀와서 일기를 썼습니다. 시우의 일기를 읽고 물음에 답해 봅시다.

> 8월 3일 월요일　　　　　　　　　　　　날씨: 덥지만 기분 좋은 날
>
> 제목: 즐거운 가족 여행
>
> 외갓집 체험 마을로 가족 여행을 다녀왔다. 전날 밤부터 설레어서 잠이 잘 안 왔다.
> 차를 타고 외갓집 체험 마을에 도착해서 먼저 숭어잡이를 했다.
> 동생 시민이는 숭어가 무섭다며 울어 버렸다. 우는 모습이 정말 귀여웠다.
> 가족끼리 감자도 캤다. 힘들었다. 밤에 감자를 쪄서 먹으며 하늘을 봤다.
> 별이 엄청 많아 신기했다. 다음에 가족끼리 또 여행을 갔으면 좋겠다.

1) 시우는 누구와 함께 어디로 여행을 다녀왔나요?

2) 여행을 가기 전날 밤 시우의 기분은 어땠는지 밑줄을 그어 봅시다.

3) 그림을 보고 시우가 겪은 일의 순서대로 번호를 써 봅시다.

　　　　　→　　　　　　　→　　　　　　　→

2. 그림을 보고 여행 일기에 들어갈 내용을 정리해 봅시다.

누구와 갔을까?	• 부모님과 함께
언제 갔을까?	• 추석
어디로 갔을까?	• 친척 집
한 일, 본 일, 들은 일은 무엇일까?	• 보름달을 보았다. •
생각하거나 느낀 점은?	• 보름달이 내 생각보다 밝았다. • 송편을 만드는 것이

누구와 갔을까?	• 친구들과 함께
언제 갔을까?	• 어제
어디로 갔을까?	• 집 근처 놀이터
한 일, 본 일, 들은 일은 무엇일까?	• 그네를 탔다. •
생각하거나 느낀 점은?	•

1. 준영이가 가족과 함께 레일 바이크 체험을 다녀왔습니다. 체험을 다녀와서 준영이가 쓴 여행 일기를 읽고 물음에 답해 봅시다.

10월 13일 화요일 　　　　　　　　　　날씨: 구름이 해를 가린 날

제목: 신나는 레일 바이크

텔레비전에서 레일 바이크를 보고 정말 타 보고 싶었다.

그래서 온 가족이 함께 강촌에 왔다. (가) 드디어 레일 바이크를 타고 김유정 역에 도착했다.

(나) 레일 바이크를 타는 동안 바람이 시원하게 불었다. 주변에 보이는 산과 강이

무척 예뻤다. (다) 레일 바이크를 타기 전에 엄마가 안전띠를 꼭 매 주셨다.

레일 바이크를 타고 오니 정말 재미있었다.

1) 준영이는 레일 바이크 체험에서 한 일을 순서대로 썼나요?

2) 레일 바이크 체험을 하면서 생각하거나 느낀 점을 자세히 썼나요?

2. 사다리를 타고 빈칸에 들어갈 내용을 찾아, 여행 일기를 쓸 때 주의할 점을 알아봅
시다.

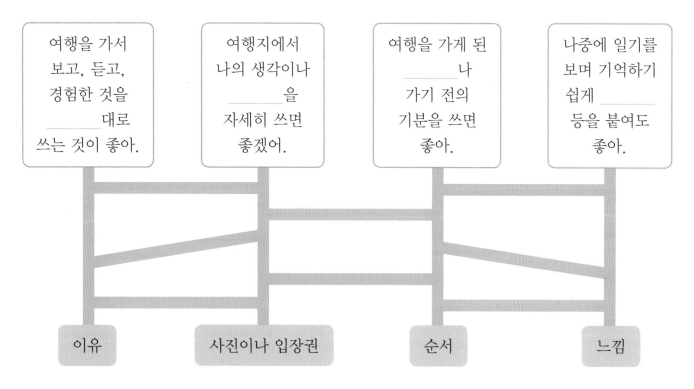

여행을 가서 보고, 듣고, 경험한 것을 _____ 대로 쓰는 것이 좋아.

여행지에서 나의 생각이나 _____을 자세히 쓰면 좋겠어.

여행을 가게 된 _____나 가기 전의 기분을 쓰면 좋아.

나중에 일기를 보며 기억하기 쉽게 _____ 등을 붙여도 좋아.

이유   사진이나 입장권   순서   느낌

3. 여행 일기를 쓸 때 주의할 점을 생각하며 준영이의 일기를 고쳐 써 봅시다.

1) 준영이가 한 일을 생각하며 (가), (나), (다)를 순서대로 배치해 봅시다.

_____ → _____ → _____

2) 레일 바이크 체험을 하는 동안 어떤 생각이나 느낌이 들었을지 써 봅시다.

_____

_____

_____

레일 바이크를 타기 위해 시간을 내 주신 부모님께 어떤 마음이 들었는지,
다음에 또 레일 바이크를 타고 싶은지 등 여행을 다녀온 뒤에 느낀 점을
떠올리며 정리하면 좋습니다.

1. 윤성이가 현장 학습을 갔습니다. 그림을 보고 일기에 들어갈 내용을 정리해 봅시다.

누구와 갔나요?

• _____

언제, 어디로 갔나요?

• 9월 23일 목요일
• 청계목장

여행을 가기 전 기분

• 친구들과 함께
  가서 기분이 좋았다.
• _____
  _____

윤성이의
현장 학습

한 일, 본 일, 들은 일

• _____
• _____

생각하거나 느낀 점

• 아이스크림이 _____
• 우유를 주는 소가 고마웠다.

2. 윤성이가 정리한 내용을 바탕으로 여행 일기를 썼습니다. 일기를 완성해 봅시다.

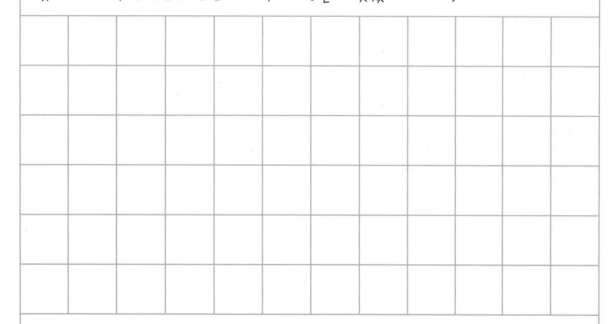

9월 23일 목요일	날씨: 파란 하늘, 반짝이는 햇빛
제목: 젖소야, 고마워!	

친구들과 함께 청계목장으로 현장 학습을 가는 날!

친구들과 함께 가서 기분이 좋았다.

목장에 도착해서 젖소에게서 우유를 짜는 모습을 보았다.

젖소에게서 막 짠 우유는 연한 노란색이고 정말 따뜻했다. 그리고,

매일 내가 마시는 우유를 주는 젖소에게 고마운 마음이 들었다.

젖소야, 우유를 주어서 고마워!

여행을 가서 한 일, 본 일, 들은 일을 쓸 때에는 순서대로 쓰는 것이 좋아요.
또 그때 생각하거나 느낀 점을 함께 쓰면 더 풍성한 여행 일기가 됩니다.

1. 가족들과 여행을 다녀오거나 친구들과 현장 학습을 다녀온 적이 있나요? 여행을 갔던 경험을 떠올려 빈칸을 채워 봅시다.

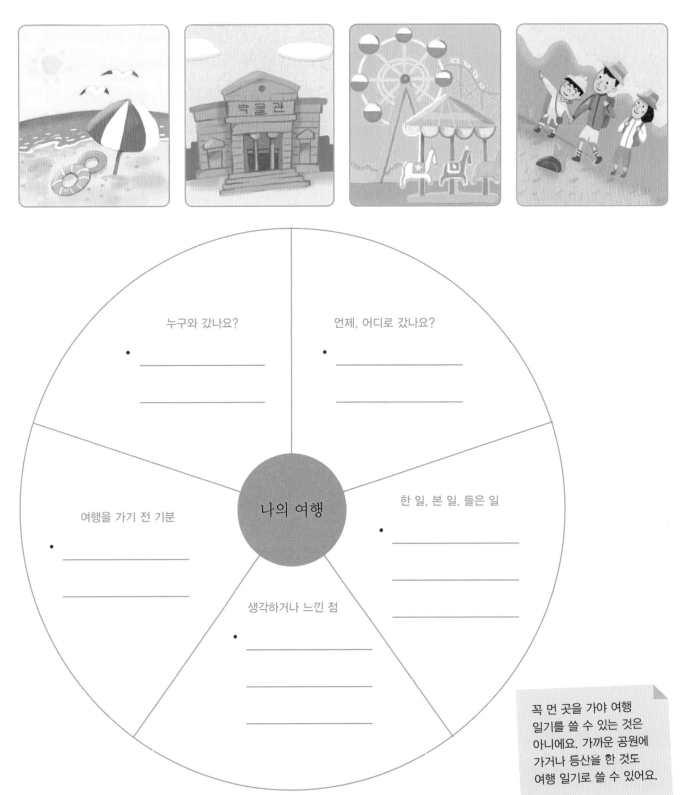

누구와 갔나요?

언제, 어디로 갔나요?

한 일, 본 일, 들은 일

나의 여행

여행을 가기 전 기분

생각하거나 느낀 점

꼭 먼 곳을 가야 여행 일기를 쓸 수 있는 것은 아니에요. 가까운 공원에 가거나 등산을 한 것도 여행 일기로 쓸 수 있어요.

2. **1**번에서 정리한 내용으로 여행 일기를 써 봅시다.

월 일 요일	날씨:
제목:	

여행을 간 이유나 가기 전의 기분	

여행을 가서 한 일, 본 일, 들은 일	

생각하거나 느낀 점	

여행을 가서 생각하거나 느낀 점을 자세히 쓰는 것이 좋아요. 그러면 시간이 지난 뒤에 내가 쓴 일기를 다시 보았을 때 여행을 다녀온 느낌이 생생하게 살아날 거예요.

자유롭게 일기 쓰기

★ 여행 일기를 자유롭게 써 봅시다.

월		일		요일			날씨:			
제목:										

상상 일기 쓰기

상상하여 짧은 이야기를 써 봅니다.
상상한 이야기를 바탕으로 상상 일기를 써 봅니다.

 자기 주도 학습 계획표

 **상상 일기 쓰기**

1. 그림에서 새와 크레파스가 무슨 말을 하고 있을지 상상해서 말풍선에 써 봅시다.

상상하여 쓰는 것에는 정답이 없어요. 상황을 보고
재미있는 내용을 마음껏 상상해 보세요.

2. 내가 그림 속 주인공이라면 어떻게 했을지 상상하여 써 봅시다.

• 내가 만약 인어 공주라면:

• 내게 만약 날개가 생긴다면:

• 내게 만약 도깨비 방망이가 생긴다면:

그림 속 주인공은 앞으로 어디로 갈까요? 무슨 일을 할까요? 내 마음대로 상상하여 써 봅시다.

1. 다음 그림을 보고 이야기의 순서를 정해 봅시다. 일어난 일을 읽고, 그 뒤에 어떻게 되었는지 상상해 이야기를 완성해 봅시다.

• 이야기의 순서

———————————— → ———————————— → ————————————

• 일어난 일

친구의 장난감을 가지고 놀다가 부러뜨려 친구가 화를 냈다.
화를 내는 친구가 미워서 싸웠다.

————————————————————————————————————

————————————————————————————————————

2. 그림을 보고 이야기가 만들어지게 순서를 번호로 쓰고, 일어난 일을 상상하여 짧은 이야기를 써 봅시다.

- 이야기의 순서 :   ⟶   ⟶

- 일어난 일

- 이야기의 순서 :   ⟶   ⟶

- 일어난 일

1. 다음 이야기를 읽고 물음에 답해 봅시다.

요술 항아리

옛날, 어느 마을에 부지런한 농부와 욕심쟁이 부자 영감이 살고 있었어. 농부는 열심히 일을 하여 욕심쟁이 부자 영감의 밭을 샀지.

농부는 농사를 짓기 위해 열심히 밭을 갈며 괭이질을 하고 있었어. 그런데 괭이 끝에 무엇인가 걸리는 거야. 깜짝 놀란 농부가 땅을 파자 커다란 항아리가 나왔어. 농부는 그 항아리에 괭이를 넣고 집으로 돌아왔어.

그런데 이게 웬일이야? 항아리 속에 넣었던 괭이가 글쎄 두 개가 되어 있는 거야.

"어, 이상한데? 왜 괭이가 두 개가 되었지?"

이상하게 생각한 농부는 일부러 엽전 하나를 항아리 안에 넣었어. 그랬더니 엽전이 두 개가 되었어.

"이 항아리는 요술 항아리구나!"

신이 난 농부는 엽전을 항아리 속에 넣고 꺼내고, 넣고 꺼내고 여러 번 반복했어. 그랬더니 어느새 엽전이 집 안에 가득 찼어. 농부는 부자가 되었지.

이 소식을 들은 욕심쟁이 부자 영감은 너무 배가 아팠어. 그리고 어떻게 하면 농부의 요술 항아리를 뺏어 올 수 있을까 궁리했어. 그러던 어느 날, 욕심쟁이 부자 영감이 농부를 찾아왔어.

1) 농부는 밭에서 무엇을 발견하였나요?

_____

2) 항아리 속에 괭이를 넣자 어떤 일이 벌어졌나요?

_____

3) 욕심쟁이 부자 영감은 왜 농부를 찾아왔나요?

_____

_____

2. 〈요술 항아리〉의 뒷부분을 상상하여 써 봅시다.

1) 이어질 내용을 상상해 아래 질문에 대한 답을 써 봅시다.

○ ○	욕심쟁이 부자 영감은 농부를 찾아와서 무슨 말을 하였을까요?	•
○ ○ ○	농부는 욕심쟁이 부자 영감에게 어떻게 대답했을까요?	•
○ ○	요술 항아리는 어떻게 되었을까요?	•

2) 위에서 정리한 내용을 생각하며 〈요술 항아리〉의 뒷부분을 상상하여 써 봅시다.

1. 진수가 재미있는 상상을 하고 있어요. 어떤 상상을 하고 있는지 살펴보고 진수가 되어 빈칸에 상상한 내용을 써 봅시다.

만약 내게 로봇이 생긴다면?

만약 내가 우주에 간다면?

만약 내게 타임머신이 생긴다면?

2. 진수가 상상한 내용 중 마음에 드는 것을 한 가지 정해 그림과 일기로 표현해 봅시다.

1) 어떤 일이 벌어질지 그림으로 그려 봅시다.

2) 내가 상상한 것을 일기로 써 봅시다.

월 일 요일	날씨:

제목:

동화 작가들은 모두 상상한 것을 쓰는 이야기꾼입니다. 여러분도 동화 작가처럼 상상한 이야기를 일기에 써 봅시다. 창의력이 쑥쑥 자랄 거예요.

자유롭게 일기 쓰기

★ 상상 일기를 자유롭게 써 봅시다.

월 일 요일					날씨:					
제목:										

미리 보고 개념 잡는 초등

일기 쓰기

예시 답안

- 정답을 포함한 예시 답안이 실려 있습니다.
- 일기 쓰기는 정답이 없으므로, 반드시 갖추어야 할
  요소를 중심으로 예시 답안을 작성했습니다.
- 스스로 일기 쓰기에 자신이 없다면 예시 답안을 보고
  써 보는 것도 도움이 됩니다.

10쪽 **1.** 날짜, 날씨, 제목

11쪽 **2.**

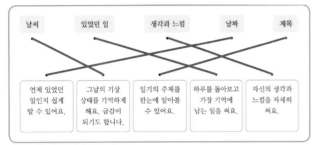

3. 1) 제목

2) 예)

급식을 너무 많이 먹으면 안 돼! / 급식을
너무 많이 먹은 날 / 아휴, 배부르다! 등

12쪽 **1.** 1) ③

2. 예)

신나는 줄넘기 / 칭찬받아 기분이 좋아! /
줄넘기도 넘고 칭찬도 받고 등

13쪽 **3.** 예)

- 우산들이 모두 외출한 날
- 쏴아, 비가 온 날
- 비가 와서 나가 놀지 못한 날

- 바람이 분 날
- 바람이 불어 시원한 날
- 바람이 산들산들

- 눈이 펑펑
- 눈이 와서 신나는 날
- 춥지만 눈이 와서 좋아!

- 구름이 가득한 날
- 구름 덕분에 덥지 않아요.
- 해님이 구름 뒤에 숨은 날

14쪽 **1.** 1) 일기에 무엇을 써야 할지 모른다. /
일기의 쓸 거리를 못 찾았다.

2) 하루 동안 있었던 일을 생각해 봐야 한다. /
하루를 자세히 들여다보면 쓸거리를 찾을
수 있다.

15쪽 **2.** 예)

1) 아침- 아침에 늦잠을 자서 학교에 헐레벌떡
뛰어갔다.

낮- 동생과 인형 놀이를 했다.

저녁- 맛있는 돈가스를 먹었다.

2) 한 일- 아빠와 자전거를 타고 양재천에 갔다.

본 일- 자전거를 타는 많은 사람들을 보았다.

봄이라 벚꽃이 피어 있는 것을 보았다.

들은 일- 자전거를 타는 사람들의 웃음소리를
들었다.

3) 속상했던 일- 짝꿍과 다투어서 선생님께 꾸중을
들었다.

16쪽 **1.** 예)

있었던 일- 밤을 쪄서 먹었다. /
밤 속에 벌레가 들어 있었다.

생각이나 느낌- 벌레가 징그러웠다.

그래서 밤을 먹지 못했다.

있었던 일- 받아쓰기에서 100점을 받았다.

생각이나 느낌- 무척 신이 났다.

17쪽 **2.** 예)

1) 실수로 민재의 그림을 망쳤기 때문에

2) '괜찮아'라고 말해 주었다. /
사과를 받아 주었다. / 용서해 주었다.

3) 민재가 사과를 받아 주어서 고마웠다. /
민재에게 무척 미안했다. /
다음부터는 더 조심해야겠다고 생각했다.

4)

제목: 민재야, 미안해!
학교에서 미술 시간에 그림을 그렸다. 그런데 내가
실수로 민재의 물통을 건드려 민재의 그림이 망가졌다.
내가 사과하자 민재는,
"괜찮아. 일부러 그런 것도 아닌데."
하며 내 사과를 받아 주었다. 민재에게 무척 고마웠다.
다음부터 조심해야겠다.

18쪽 **1.** 1) 학교를 둘러보았다. /
보건실, 2학년 교실, 체육관에 가 보았다.

2) ②

3) ②

19쪽 **2.** 예)
1) 좋았습니다. / 기뻤습니다. /
날아갈 것 같았습니다. / 신났습니다.
2) 치과에 들어서자 가슴이 조마조마했습니다.
3) 동생에게 미안했습니다.
4) 다친 사람을 생각하니 불쌍했습니다.
5) 그 모습이 웃겼습니다.

20쪽 **1.**

21쪽 **2.** 예)
윷놀이 그림– 내가 이겨서 무척 신났습니다.
다음에 또 윷놀이를 하고 싶습니다.
벌에 놀라는 아이 그림– 나는 깜짝 놀랐습니다.
벌에 쏘일까 봐 무척 걱정이 되었습니다.

3. 예)

그 모습을 보자 나도 아플까 봐 겁이 났다.
나는 무척 떨리고, 조금 무섭기도 했다.
칭찬을 들으니 기분이 좋아졌다.

22쪽 **1.**

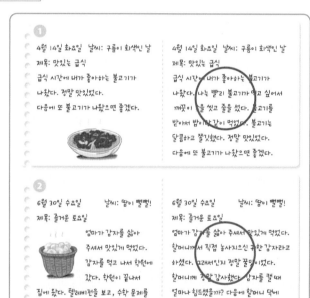

2. ②

23쪽 **3.** 예)
주사를 맞은 까닭을 써 봅시다.
왜냐하면 감기에 걸렸기 때문입니다. /
독감 예방 주사를 맞아야 하기 때문입니다.
주사를 맞았을 때의 느낌을 써 봅시다.
주사를 맞기 전에 마음이 조마조마했었습니다. /
주사가 따끔해서 무척 아팠습니다. /
주사가 더 싫어졌습니다.

도서관에 언제 갔는지 써 봅시다.

여름 방학 때 갔습니다. /

지난 주말에 갔습니다.

도서관에 가서 무엇을 했는지 자세히 써 봅시다.

도서관에서 책을 읽었습니다. / 도서관에서

종이를 접어 책 만드는 법을 배웠습니다.

도서관에 다녀와서 기분이 어땠는지 자세히 써 봅시다.

도서관에서 책을 읽으니 기분이 좋았습니다. /

부모님과 또 도서관에 가고 싶습니다.

24쪽 > 1. 예)

1) 학교를 마치고 친구와 놀이터에 갔습니다.
친구와 신나게 놀고 함께 아이스크림을
먹었습니다. 아이스크림이 무척 달콤했습니다.

2) 버스를 타고 체험 학습을 갔습니다. 버스가
달리는 동안 옆에 앉은 친구와 가위바위보
놀이를 했습니다. 점심시간에는 엄마가 싸
주신 김밥도 먹었습니다. 피곤했지만
재미있었습니다.

3) 국어 시간에 책을 읽고 퀴즈를 풀었습니다.
나는 퀴즈를 많이 맞히고 싶어서 열심히 책을
읽었습니다. 퀴즈에서 문제를 잘 풀어 사탕도
받았습니다. 오늘은 무척 기분이 좋습니다.

25쪽 > 2. 예)

1) • 친구들과 생일 파티를 했습니다. /
가족들이 케이크에 초를 꽂고 생일 축하
노래를 불러 주었습니다.

• 장난감 로봇을 받았습니다. /
예쁜 운동화를 받았습니다.

• 내가 갖고 싶었던 것을 받아 기분이
좋았습니다. / 부모님께 감사했습니다.

2)

제목: 엄마, 아빠! 감사해요!
며칠 전부터 기다리던 생일. 오늘이 바로 내 생일이다.
부모님께서 내가 가장 좋아하는 초콜릿 케이크에 촛불을
꽂고 생일 축하 노래를 불러 주셨다. 그리고 내가 갖고
싶었던 예쁜 운동화를 선물로 주셨다. 오늘은 정말
기분이 좋았다. 그리고 예쁜 운동화를 사 주신 부모님께
감사했다. 엄마, 아빠, 감사해요!

26쪽 > 1. 1) 텔레비전을 보다가 엄마에게 꾸중 들은 일

2) 엄마

3) 영민이

27쪽 > 2. 1) 엄마가 한 말, 영민이가 한 말

2) • 큰따옴표 (" ")

• 줄

28쪽 > 1. 예)

1) 혼자서만 그네를 탔다. / 그네를 혼자 타는
아이 때문에 오랫동안 기다려야 했다.

2) 혼자서 그네를 저렇게 오래 타면 어떡해? /
나도 그네 타고 싶은데······. /
야, 이제 그만 내려와.

3) 그네를 못 타서 짜증이 났다. /
오랫동안 기다려서 답답했다.

4) 왜 그네를 혼자서만 탈까? /
함께 이용하는 그네

29쪽 > 2. 예)

제목: 함께 이용하는 그네
친구와 그네를 타려고 놀이터에 갔다. 많은 아이들이
줄을 서 있었다. "야, 이제 그만 내려와. "
아무리 말해도 그 아이는 계속 그네를 탔다. 모두가 함께
타야 하는데, 혼자만 그네를 타는 아이 때문에 아무도
그네를 못 탔다. 속상했다.

33쪽 **2.** 예)

오른쪽 위– 친구가 내 크레파스를 부러뜨렸다.
나는 너무 화가 나서 친구와 싸웠다.
오른쪽 아래– 오늘 학교에서 달리기 시합을 했다.
나는 열심히 달렸다. 친구와 달리기 시합을 해서
기분이 좋았다.

34쪽 **1.** 1) 글, 그림
2) (순서대로)그림, 글

35쪽 **2.** 예)

정말 기분이 좋았다.
다음에도 친구랑 축구를 하고 싶다.

36쪽 **1.** 예)

• 편지에 무슨 내용이 써 있을까 궁금했다. 편지를
열어 보니 생일 파티에 와 달라고 써 있었다.
민지의 생일 파티에 빨리 가고 싶다.

37쪽 예)

• 처음에는 동생이 미웠는데, 생각해 보니
동생에게 화를 낸 것이 미안했다. 다음에는
동생과 사이좋게 나눠 먹어야겠다.
• 있었던 일– 게임을 오래 해서 엄마한테 혼났다.
생각한 것– 나는 게임이 좋은데, 엄마가 자꾸
못하게 하니까 속상했다. 다음부터는
게임을 조금만 해야겠다.

38쪽 **1.** 예)

1) 언제– 점심시간에
누구와– 친구와
있었던 일– 그네를 탔다.
생각이나 느낌– 친구와 함께 그네를 타서 훨씬
재미있었다.

2) 언제– 국어 시간에
누구와– 반 친구들 앞에서
있었던 일– 발표를 했다.
생각이나 느낌– 발표를 잘했다고 칭찬을
받아서 기분이 좋았다.

39쪽 **2.** 예)

4월 8일 수요일 / 날씨: 햇빛이 쨍쨍!
제목: 나는 발표왕!
국어 시간에 나의 꿈을 발표했다. 처음에는 무척 떨렸다.
그래도 끝까지 발표했다. 선생님께서 칭찬해 주셔서
하늘을 날아갈 듯 기분이 좋았다. 나는 발표왕!

42쪽 **1.** 1) 친구와 떡볶이를 먹은 일
2) ②
3) ②

43쪽 **2.** 1) 2연 8행
2) 2연
3) 2연

44쪽 **1.** ○표시 단어– 꼬질꼬질, 송송, 얼룩덜룩, 폴폴
2. 그림 1– • 드르렁 푸우 / 쿨쿨
그림 2– • 하하 / 호호 / 방긋방긋 / 까르르
그림 3– • 후루룩후루룩/ 쩝쩝 / 냠냠 쩝쩝 /

45쪽 **3.** 예)

그림 1– • 함박눈이 펑펑 내립니다.
• 손이 꽁꽁 얼어서 아이들이 호호
입김을 붑니다.
그림 2– • 파도가 첨썩첨썩 칩니다.
• 아이들이 첨벙첨벙 물장구를 치며
수영을 합니다.
• 갈매기가 끼룩끼룩 울며 날아다닙니다.

1. 예)

1) 재미있습니다. /

   동글동글한 얼굴이 잘 어울립니다.

2) 동생이 못돼 보입니다.

2. 나비 그림– • 노란 나비가 팔랑팔랑 날아요.

   → 팔랑팔랑 나는 노란 나비

   포도 그림– • 포도 알이 주렁주렁 달렸어요.

   → 주렁주렁 달린 포도 알

3. 1) 엄마, 아빠, 내가 방귀를 뀐 일

2) 아빠는 대포 방귀, 엄마는 바람 방귀,
   나는 요술 방귀

4. 예)

1) • 영수의 방귀 소리: 뽀오오오옹

   • 동생의 방귀 소리: 뿡뿡뿡

   • 나의 방귀 소리: 뿡뿡

2) 제목 : 재미있는 방귀

   영수 방귀 뽀오오오옹 기차 방귀

   동생 방귀 뿡뿡뿡 애기 방귀

   내 방귀 뿡뿡 자동차 방귀

1. 1) 공기를 힐끔 쳐다보았다. /

   공기놀이를 하고 싶어서

2) 밑줄– 또각또각 공기놀이 계속 계속 하고 싶어.

2. 예)

1) 친구가 급식 시간에 식판을 엎었다.

2) 우당탕 / 쨍그랑

3) 다음부터는 식판을 조심히 들어야겠다. /
   친구를 도와줘야겠다고 생각했다.

3. 예)

5월 23일 목요일 날씨: 바람이 솔솔 기분 좋은 날 제목: 함께하는 점심시간 우당탕 아우 어떡해? 친구가 식판을 놓쳤다.	괜찮아, 괜찮아. 모두가 도와준다. 친구야, 어서 치우고 함께 급식 먹자. 함께하는 점심시간 고마운 친구들

1. 1번 그림– 수박

   2번 그림– 딸기

2. 예)

이 과일은 슈퍼마켓에서 자주 볼 수 있어. 노란색이고 길쭉한 모양이야. 껍질을 까면 달콤한 냄새가 나고, 속살은 하얗지. 이 과일은 무엇일까? 정답 : 바나나

3. 관찰

4. 눈 그림– 색깔과 모양   코 그림– 냄새

   입 그림– 맛   귀 그림– 소리

1. 1) 지렁이

2) 몸 색깔이 갈색과 붉은색이 섞인 색이다. /
   몸에 주름 같은 것이 있다. / 몸을 줄였다
   늘였다 하면서 꿈틀꿈틀 기어간다. / 애벌레
   같이 생겼다.

3) 왜 비가 오면 지렁이가 많이 보일까 궁금하다.

2. 예)

지렁이는 피부로 숨을 쉰다고 했다. 그런데 비가 오면 땅속에 물이 차서 숨을 쉴 수가 없다고 한다. 그래서 비가 오면 지렁이는 숨을 쉬기 위해 땅 위로 올라오는 것이다. 지렁이가 피부로 숨을 쉰다니, 정말 신기하다.

56쪽 **1.** 예)

개미– • 색깔: 검정색
   • 다리의 수: 6개

단풍잎– • 색깔: 빨간색
   • 크기: 내 손바닥만 하다.
   • 느낀 점, 더 알고 싶은 점: 예쁜
      단풍잎을 보니 기분이 좋다. / 단풍잎이
      가을이 온 것을 알려 주는 것 같다.

가위– • 색깔: 분홍색과 주황색
      두 가지 색이 있다.
   • 크기: 연필 크기만 하다.
   • 쓰임새: 종이를 자를 때 쓴다.
   • 주의할 점: 뾰족하기 때문에 안전하게
      사용해야 한다.

57쪽 **2.** 예)

> 10월 21일 금요일 날씨: 서늘하다
> 제목: 가을이 온 것을 알려 주는 단풍잎
> 집 앞에 단풍잎이 빨갛게 변했다. 크기도 모양도 꼭 내 손처럼 생긴 예쁜 단풍잎. 예쁜 단풍잎을 보니 기분이 좋았다. 정말 가을이 왔나 보다.

58쪽 **1.** 1) • 8시: 저녁밥을 차려 주신다.
   • 9시: 나와 동생의 이불을 깔아 주신다.
   2) 밑줄– 피곤하신가 보다. 우리 엄마는 잔소리쟁이다. 그래도 늘 나랑 동생을 위해 맛있는 음식을 해 주시고, 숙제도 봐주시는 엄마가 고맙다.

59쪽 **2.** 예)

   1) 내 동생
   2) • 나랑 공기놀이 할 때
      – "싫어, 내가 이긴 거야." 하며 짜증을 낸다.
      • 자기 전에
      – "언니가 제일 좋아." 하며 꼭 껴안고 잔다.

   3) 동생이 짜증을 낼 때는 참 밉지만, 함께 잘
      때는 정말 예쁘다.

3. 예)

> 9월 17일 화요일 날씨: 가을비가 내린 날
> 제목: 그래도 예쁜 내 동생
> 내 동생은 놀아 달라며 늘 나를 졸졸 따라다닌다. 내가 학교 갔다 돌아오면 함께 공기놀이를 하자며 공기를 가져온다. 공기놀이를 하다가 자기가 질 것 같으면
> "싫어, 내가 이긴 거야."
> 하며 짜증을 낸다. 그럴 때 동생이 참 밉다.
> 그런데 잠잘 때는
> "언니가 제일 좋아."
> 하며 나를 꼭 껴안고 잔다. 이럴 때는 동생이 정말 예쁘다. 동생은 밉기도 하지만 그래도 예쁜 내 동생이다.

62쪽 **1.** 1) 책 제목을 보고 내용이 궁금해서 / 책 제목을 보고 어두운 계단에서 도깨비가 나오면 어떤 기분이 들까 궁금해서

   2)

   11월 21일 화요일   날씨: 하늘이 참 푸른 날
   제목: '어두운 계단에서 도깨비가'를 읽고
   이 책의 제목을 보고 어두운 계단에서 도깨비가 나오면 어떤 기분이 들까 궁금해 책을 펼쳤다.
   이 책의 주인공 수민이는 비가 오는 날 집 안에서 뛰어 놀다가 아래층 아주머니께 싫은 소리를 들었다. 그래서 엄마께 꾸중도 들었다. 속상한 수민이는 집을 나와 아파트 계단으로 갔다. 계단에는 수민이처럼 시끄럽게 떠들어서 쫓겨난 도깨비들이 있었다. 수민이는 도깨비들과 어울려 신나게 놀았다.
   내가 만약 수민이처럼 도깨비들을 만났다면 친구들과 실컷 뛰어 놀 수 있는 곳으로 가서 함께 놀자고 이야기하고 싶다.
   그곳에 가서 도깨비들과 신나게 놀고 싶다.

   3) 함께 놀자고 이야기하고 싶다.

63쪽 **2.** 1) 혜지
   2) 철우
   3) 현민

3. • 책의 줄거리 / 재미있거나 감동받은 부분, 인상 깊었던 부분
   • 책을 읽고 생각하거나 느낀 점

1. 예)

  1) 조그만 생쥐가 은혜를 갚는다는 말을 믿지
    않았다. / 생쥐의 말을 우습게 여겼다.

  2) 정말 고마웠다. / 생쥐를 얕잡아 본 게 미안했다.

2. 예)

  1) • 10원짜리 동전을 잃어버리고도 찾지 않았다. /
    공책에 사용하지 않은 면이 많은데도
    새 공책을 꺼내 썼다.

    • 내가 색연필을 안 가져왔을 때 친구가 빌려
    주었다. / 내가 우유를 쏟았을 때 친구가 우유
    닦는 것을 도와주었다.

  2) • 생쥐야! 은혜를 잊지 않고 사자를 도와주다니,
    넌 정말 멋지구나! / 생쥐야! 너는 몸집은
    작지만, 마음은 정말 큰 멋진 친구야.

1. 예)

  1번 그림– • 내가 아우라면 형에게 금 구슬을 주지
      않았을 것 같다. / 형과 금 구슬을 나눠
      가지다니 아우는 정말 착한 것 같다.

  2번 그림– • 형과 아우의 사이가 나빠질까 봐
      걱정이 되었다. / 금 구슬 때문에
      형과 아우가 싸우지 않을까 생각했다.

  3번 그림– • 나라면 절대 금 구슬을 버리지 못할
      것 같다. / 아우가 형을 사랑하는
      마음이 대단한 것 같다. / 동생과
      다투었던 내 모습이 부끄러웠다.

  4번 그림– • 형과 아우가 서로 사랑하는 마음이
      멋지다. / 나도 형과 친하게 지내야
      겠다고 생각했다.

2. 예)

> 10월 29일 목요일 날씨: 파란 하늘이 예쁜 날
> 제목: 사이 좋은 두 형제
> 형제를 보면서 형과 싸웠던 내가 부끄러워졌다. 나도
> 형제처럼 형과 사이좋게 지내야겠다고 생각했다.

1. 1) 이태석 신부님의 이야기가 쓰여진 책 /
    이태석 신부님 위인전

  2) 밑줄– 열심히 치료해 주시는 신부님의 모습을
    보면서 꼭 슈바이처 같다고 생각했어요.
    신부님! 저도 신부님처럼 다른 사람을 돕는
    멋진 사람이 될게요.

2. 예)

  • 제목 : 해와 달이 된 오누이

  • 이 책을 읽은 이유 : 책의 그림이 마음에
    들어서 읽게 되었다.

  • 기억에 남는 장면 : 호랑이가 오누이를 잡아먹
    으러 왔을 때 마음이 조마조마했다.

  • 생각이나 느낌 : 나도 오누이처럼 지혜롭게
    행동해야겠다고 생각했다.

3. 예)

> 7월 26일 목요일 날씨: 더워서 땀이 뻘뻘
> 제목: 지혜로운 오누이
> 이 책은 그림이 예뻐서 읽게 되었다. 책에는 호랑이가
> 나오는데, 호랑이가 오누이를 잡아먹으러 올 때 마음이
> 조마조마했다. 지혜롭게 호랑이를 따돌리고 하늘로
> 올라가 해와 달이 된 오누이를 보면서 나도 오누이처럼
> 지혜롭게 행동해야겠다고 생각했다.

1. 1) 은수

  2)

> 오늘 교실에서 내가 수민이랑 장난을 치다가 그만 네 발을
> 밟았잖아. 정말 미안해. 수민이랑 장난을 치느라 네가 옆에
> 있는 줄 몰랐어. 발이 아팠을 텐데 화내지 않고 괜찮다고
> 말해 줘서 정말 고마워. 다음부터는 나도 조심할게.

  3) 사과

2. (순서대로) 받는 사람 / 하고 싶은 말 / 쓴 날짜
  / 쓴 사람

3. 예)

  • 부모님께 / 선생님께 / 친구에게 / 동생에게

74쪽 **1.** 1) 개미에게

2) 지난 겨울에 고마웠다고 이야기하려고

3) ×

75쪽 **3.** 예)

1) 지난 겨울 먹을 것이 없었을 때 개미에게 먹을 것을 얻었다.

2) 개미에게 무척 고마웠다. / 자신도 여름에 열심히 일해야겠다고 생각했다.

3)

> 지난 겨울에 네가 내게 먹을 것을 주지 않았다면 아마 난 굶어 죽었을지도 몰라. 개미야 나를 도와주어서 정말 고마워.

76쪽 **1.** 예)

1) • 새끼 오리야! 왜 맨날 미운 오리 새끼를 괴롭히니? / 새끼 오리야! 친구를 괴롭히면 안 돼.

77쪽 **2.** 예)

> 6월 21일 월요일 날씨: 비가 주룩주룩
> 제목: 멋진 미운 오리 새끼에게
> 받는 사람 미운 오리 새끼에게
> 첫인사 안녕, 미운 오리 새끼야? 나는 명신초등학교 1학년 4반 임주안이야.
> 하고 싶은 말
> 네가 다른 새끼 오리들에게 괴롭힘을 당할 때 나는 너무 너무 속상했어. 많이 힘들었지? 만약 내가 네 옆에 있었다면 다른 새끼 오리들을 혼내 주었을 텐데…….
> 그런데 네가 백조가 되었을 때 나는 정말 기뻤단다. 백조가 되어 멋지게 하늘을 날아다니는 네 모습을 상상만 해도 기뻐.
> 끝인사
> 미운 오리 새끼야! 너는 이제 백조니까 네 마음대로 하늘을 날아다니며 행복하게 잘 살아. 다음에 내가 또 편지 쓸게. 안녕!
> 쓴 날짜 6월 21일 월요일
> 쓴 사람 주안이가

78쪽 **1.** 예)

내 친구 승환이 / 우리 반 선생님

2. 예)

1) 승환이

2) 승환이에게 우리 내일 함께 축구하자라고 말하고 싶습니다. 왜냐하면, 승환이랑 함께 축구를 하면 재미있고 신나기 때문입니다.

79쪽 **3.** 예)

> 2월 14일 월요일 날씨: 춥다 추워!
> 제목: 승환아! 같이 축구하자.
> 받는 사람 내 친구 승환이에게
> 첫인사 승환아! 안녕? 나 지민이야.
> 하고 싶은 말
> 승환아! 오늘 너랑 축구를 해서 정말 재미있었어. 나는 너랑 축구할 때가 제일 신나. 너랑 같이 축구하면 골을 넣지 못해도 재미있어. 승환아! 우리 내일 또 함께 축구하지 않을래? 학교 끝나고 만나서 같이 축구하자.
> 끝인사
> 승환아! 내일 같이 축구할 수 있는지 알려 줘.
> 쓴 날짜 2월 14일 월요일
> 쓴 사람 지민이가

82쪽 **1.** 1) 가족과 함께 외갓집 체험 마을에 다녀왔다.

2) 밑줄- 전날 밤부터 설레어서 잠이 잘 안 왔다.

3) 3 → 1 → 2 → 4

83쪽 **2.** 예)

• 송편을 만들었다. / 가족들과 송편을 만들며 이야기를 했다.

• 송편을 만드는 것이 재미있었다. / 생각보다 어려웠다.

• 매미 소리를 들었다. / 나무에 붙어 있는 매미를 보았다.

• 그네를 타니 재미있었다. / 또 타고 싶었다.

84쪽 **1.** 1) 아니요.

2) 아니요.

85쪽 **2.** (순서대로) 순서 / 느낌 / 이유 / 사진이나 입장권

3. 1) (다) → (나) → (가)

2) 예)

레일 바이크 페달을 돌리느라 다리가 아팠다. / 조금 힘들었지만 부모님과 함께해서 재미있었다. / 다음에 또 레일 바이크를 타러 오고 싶다.

86쪽 **1.** 예)

누구와 갔나요?

• 선생님과 반 친구들과 함께 갔다.

한 일, 본 일, 들은 일

• 소의 젖 짜는 모습을 보았다.

• 우유로 아이스크림을 만들어 먹었다.

여행 가기 전 기분

• 설레어서 잠이 안 왔다.

생각하거나 느낀 점

• 아이스크림이 차가웠다. / 달콤했다.

87쪽 **2.** 예)

친구들과 함께 우유로 아이스크림을 만들어 먹었다.
아이스크림이 차갑고 달콤했다. 친구들과 함께 먹으니 더
맛있는것 같았다.

88쪽 **1.** 예)

• 누구와 갔나요?– 가족들과

• 언제, 어디로 갔나요?– 여름 방학 때 속초
바닷가로 놀러 갔다.

• 여행 전 기분– 바닷가에서 수영을 할 수 있을까
걱정이 되었다.

• 한 일, 본 일, 들은 일– 바닷가에서 많은 사람들
과 모래, 파도를 보았다. 아빠와 수영을 했다.

• 생각하거나 느낀 점– 처음에는 파도 때문에
바닷물 속에 들어가는 게 무서웠다.아빠가 꽉
잡아 주셔서 재미있게 수영을 할 수 있었다.
다음에 바닷가에 간다면 수영을 더 잘할 수 있을
것 같다.

89쪽 **2.** 예)

8월 23일 화요일 날씨: 더워서 녹아 버릴 것 같은 날
제목: 즐거운 바닷가
여행을 간 이유나 가기 전의 기분 가족들과 여름 방학 때
속초에 갔다. 속초에 가기 전에 바닷가에서 수영을 할
수 있을까 걱정이 되었다.
여행을 가서 한 일, 본 일, 들은 일 바닷가에 도착하니
사람들이 엄청 많았다. 더운 날씨 때문에 모래가 무척
뜨거웠다. 나는 바닷물 속에 들어갔다. 파도가 쳐서
너무 무서웠다. 그런데 아빠가 날 꽉 잡아 주셔서 수영을
할 수 있었다.
생각하거나 느낀 점
아빠랑 수영을 해서 그런지 무섭지 않았다. 다음에
바닷가에 간다면 수영을 더 잘할 수 있을 것 같다.

92쪽 **1.** 예)

①번 그림

– 아기 새: 엄마 나 먼저 주세요. /
우아! 맛있는 애벌레다.

– 엄마 새: 어서 먹고 무럭무럭 자라렴. /
예쁜 우리 아가들! 엄마가 또 애벌레 잡아 줄게.

②번 그림

– 부러진 크레파스: 으앙, 내 주인은 날 너무
함부로 사용해. / 나만 부러졌잖아. 속상해.

93쪽 **2.** 예)

첫 번째 그림

• 넓은 바닷속을 다니며 여러 동물들과 친구가
되고 싶다.

• 육지에 나가 왕자를 만나지 않고, 인어 왕자를
만나 행복하게 살 것이다.

두 번째 그림
- 세계 여러 나라를 다니며 신기한 것을 많이 보고 싶다.
- 구름 위로 올라가 보고 싶다.

세 번째 그림
- 많은 보물을 만들어 어려운 사람을 돕고 싶다.
- 도깨비방망이로 어려운 숙제를 뚝딱뚝딱 해결하고 싶다.

94쪽 **1.** 예)
- 이야기 순서: 2 → 1 → 3
- 일어난 일: 그런데 친구가 먼저 미안하다고 사과했다. 우리는 다시 친한 친구가 되었다.

95쪽 **2.** 예)
- 이야기 순서: 2 → 1 → 3
- 일어난 일: 책상 위에 평소에 보지 못했던 이상한 약병이 있었습니다. 나는 호기심에 약병의 약을 먹었습니다. 약을 먹자마자 내 몸이 개미만큼 작아졌습니다. 나는 너무 놀랐습니다. 그런데 개미가 나타났습니다. 개미는 나를 보더니 개미 왕국을 보여 주고 싶다고 했습니다. 나는 개미와 함께 개미 왕국으로 갔습니다.

- 이야기 순서: 1 → 2 → 3
- 일어난 일: 나는 물방울이 되었습니다. 물방울이 된 나는 하늘로 올라갔습니다. 하늘에서 많은 물방울을 만나 친구가 되었습니다. 내 친구들과 나는 하늘에서 비가 되어 다시 땅으로 내려왔습니다. 땅에 내려오니 예쁜 새싹이 있었습니다. 나는 새싹이 튼튼하게 자랄 수 있게 도와주기로 결심했습니다.

96쪽 **1.** 1) 커다란 항아리
2) 괭이가 두 개가 되었다.
3) 농부의 요술 항아리를 뺏어 오려고

97쪽 **2.** 예)
1) • 내 밭에서 나왔으니 내 항아리야!
- 제가 밭을 샀으니, 당연히 그 속에 있던 항아리는 제 항아리입니다.
- 부자 영감과 농부가 서로 다투다가 항아리가 깨져 버렸다.

2)

> 부자 영감은 농부에게 이렇게 말했어.
> "내 밭에서 나온 항아리니까 당연히 내 항아리지. 어서 그 요술 항아리를 내놓으시게."
> 농부는 너무나 황당했어.
> "아니, 영감님! 그 밭을 제게 파시지 않으셨습니까? 그러니 그 밭에서 나온 항아리도 제 항아리지요."
> 농부와 부자 영감은 요술 항아리가 자기 것이라며 다투었어. 서로 항아리를 꼭 쥐고 놓지 않았지. 그러다가 그만 항아리가 깨지고 말았어. 서로 욕심을 내다가 항아리만 망가졌지 뭐야. 너무 욕심을 내면 안 돼.

98쪽 **1.** 예)

> 만약 내게 로봇이 생긴다면?
> 로봇에게 내가 하기 싫은 숙제를 하라고 시킬 것이다. / 로봇에게 우리 엄마를 도와달라고 부탁할 것이다.
> 만약 내가 우주에 간다면?
> 달나라에 가서 토끼와 함께 송편을 만들 것이다. / 우주를 여행하며 외계인을 만날 것이다.
> 만약 내게 타임머신이 생긴다면?
> 공룡이 살았던 때로 가서 공룡을 직접 볼 것이다. / 미래로 가서 내가 어떤 사람이 되어 있는지 볼 것이다.

99쪽 **2.** 2) 예)

> 11월 13일 목요일 날씨: 겨울처럼 추운 날
> 제목: 타임머신을 타고 공룡을 만나다!
> 타임머신을 타고 공룡을 만나러 왔다. 세상에 공룡이 이렇게 크다니. 나는 깜짝 놀라서 도망쳤다. 타임머신을 타고 다시 현재로 돌아왔다. 가슴이 두근거렸다.

저자 이재승

한국교원대학교와 동대학원 국어교육학과를 졸업(교육학 박사)하고 한국교육과정평가원 연구원 및
대구교육대학교 국어교육과 교수, 대학수학능력시험·외무 고시·교원임용고사 등의 출제 위원을 역임했습니다.
현재 서울교육대학교 국어교육학과 교수로 재직 중이며, 초등학교 국어 교과서 기획 및 집필을 책임지고 있습니다.
지은 책으로 『좋은 국어 수업 어떻게 할 것인가』, 『글쓰기 교육의 원리와 방법』,
『아이들과 함께하는 독서와 글쓰기 교육』 등이 있습니다.

저자 국혜영

서울교육대학교를 졸업하고, 현재 서울 청파초등학교 교사로 근무하고 있습니다.
2010년 교육과학기술부 주관 사이버가정학습 콘텐츠 개발 위원으로 참여하였고,
2009 개정 국어 교과서 집필 위원으로 교과서를 집필하였습니다. 쓰기 교육에 관심이 많아
아이들에게 글쓰기를 다양한 방법으로 가르치고 있습니다.

미리 보고 개념 잡는 초등 일기 쓰기

펴낸날 2014년 11월 20일 초판 1쇄, 2022년 9월 1일 초판 17쇄
저자 이재승, 국혜영 | 그린이 이진우
펴낸이 신광수 | CS본부장 강윤구 | 출판개발실장 위귀영 | 출판영업실장 백주현 | 디자인실장 손현지
아동콘텐츠개발팀 박재영, 류효정 | 출판디자인팀 최진아 | 디자인 솔트앤페퍼 커뮤니케이션 | 저작권 업무 김마이, 이아람
채널영업팀 이용복, 우광일, 김선영, 이채빈, 이강원, 강신구, 박세화, 김종민, 정재욱, 이태영, 전지현
출판영업팀 민현기, 최재용, 신지애, 전슬기, 허성배, 설유상, 정유
CS지원팀 강승훈, 봉대중, 이주연, 이형배, 이우성, 전효정, 이은비, 장현우
펴낸곳 (주)미래엔 | 등록 1950년 11월 1일 제 16-67호 | 주소 서울특별시 서초구 신반포로 321
전화 미래엔 고객센터 1800-8890 | 팩스 541-8249 | 홈페이지 www.mirae-n.com

ISBN 978-89-378-8683-6 64710
ISBN 979-11-6841-076-3(세트)